Dr. Alexander Thiele

Basiswissen Staatsrecht II
– Grundrechte –

12. Auflage 2020

ISBN 978-3-86724-071-0

12. Auflage 2020

© 2020 niederle media

Bezug möglich direkt vom Verlag
niederle media
48341 Altenberge
Fax (02505) 93 98 99
E-Mail: info@niederle-media.de
www.niederle-media.de

► Inhalt

► Grundrechte

▶ Vorwort

Dieses Skript beantwortet gängige Fragen insbesondere zu den Artikeln 2, 3, 4, 5, 8, 12 und 14 des Grundgesetzes, die typischerweise Gegenstand der ersten Grundrechts-Klausuren sind. Anhand der Fragen können Sie selbst testen, ob der Stoff auch wirklich „sitzt". Die Wahrscheinlichkeit, dass zumindest einige der hier abgehandelten Rechtsprobleme in Ihrer Klausur oder mündlichen Prüfung auftauchen ist recht hoch, da es sich um absolutes Standardwissen handelt.

Der Name **niederle media** steht für Skripten, die zu einem großen Teil von Autoren mit mehrjähriger Lehr-Erfahrung als Hochschullehrer oder AG-Leiter verfasst wurden und die

- klausurrelevante Themen *kompakt* darstellen,

- meist in 1-2 Tagen und demnach *zeitsparend* durchgearbeitet werden können,

- so *verständlich* sind, dass auch Anfänger damit regelmäßig auf Anhieb klarkommen,

- *Fallbeispiele, Übersichten* und *Schemata* enthalten,

- sehr *erschwinglich* sind (ab 7 €).

Aufgrund dieser Eigenschaften sind unsere Skripten hervorragend geeignet für den ersten, unkomplizierten Einstieg in die Materie oder für eine schnelle Wiederholung kurz vor der Prüfung. Dafür drücke ich schon jetzt ganz fest die Daumen,

Jan Niederle

▶ Unsere 📖 Skripten · 📇 Karteikarten · 🎧 Hörbücher (CD & MP3)

Zivilrecht

- 📖 Standardfälle Zivilrecht für Anfänger (AT+KaufR) (7,90 €)
- 📖 🎧 Standardfälle BGB AT (7,90 €)
- 📖 Standardfälle Schuldrecht (7,90 €)
- 📖 🎧 Standardfälle Ges. Schuldverh.,§§ 677,812,823 (9,9 €)
- 📖 🎧 Standardfälle Sachenrecht (Mobil.+ Immobil.) (9,90 €)
- 📖 🎧 Standardfälle Familien- und Erbrecht (9,90 €)
- 📖 🎧 Basiswissen (Frage-Antwort) BGB AT (7 €)
- 📖 🎧 Basiswissen (Frage-Antwort) Schuldrecht AT (7 €)
- 📖 🎧 Basiswissen (Frage-Antwort) Schuldrecht BT (7 €)
- 📖 🎧 Basiswissen (Frage-Antwort) Sachenrecht (7 €)
- 🎧 Basiswissen Familienrecht und 🎧 Basiswissen Erbrecht
- 📖 Einführung in das Bürgerliche Recht (7,90 €)
- 📖 Studienbuch BGB AT (12 €)
- 📖 Studienbuch Schuldrecht AT (12 €)
- 📖 Schuldrecht BT 1 - §§ 437, 536, 634, 670 ff. (9,90 €)
- 📖 Schuldrecht BT 2 - §§ 812, 823, 765 ff. (9,90 €)
- 📖 SachenR 1 – Mobil., 📖 SachenR 2 – Immobil. (9,90 €)
- 📖 Familienrecht und 📖 Erbrecht (Einführungen) (9,90 €)
- 📖 Streitfragen Schuldrecht (7,90 €)
- 📖 🎧 Definitionen für die Zivilrechtsklausur (9,90 €)

Strafrecht

- 📖 Standardfälle Band 1: für Anfänger (9,90 €)
- 📖 Standardfälle Band 2: für Fortgeschrittene (12 €)
- 📖 🎧 Standardfälle Strafrecht AT (für Anfänger) (7,90 €)
- 📖 🎧 Basiswissen (Frage-Antwort) Strafrecht AT (7 €)
- 📖 🎧 Basiswissen Strafrecht BT 1 und 🎧 BT 2 (7 €)
- 📖 Strafrecht AT (7,90 €)
- 📖 Strafrecht BT 1 – Vermögensdelikte (9,90 €)
- 📖 Strafrecht BT 2 – Nichtvermögensdelikte (9,90 €)
- 📖 🎧 Definitionen für die Strafrechtsklausur (7,90 €)

Irrtümer und Änderungen vorbehalten!

Öffentliches Recht

- 📖 Standardfälle Staatsrecht I – StaatsorgaRecht (9,90 €)
- 📖 Standardfälle Staatsrecht II – Grundrechte (9,90 €)
- 📖 🎧 Standardfälle f. Anfänger (StaatsorgaR u. GRe) (7,9 €)
- 📖 Standardfälle Verwaltungsrecht AT (9,90 €)
- 📖 Standardfälle Polizei- und Ordnungsrecht (9,90 €)
- 📖 Standardfälle Baurecht (9,90 €)
- 📖 Standardfälle Europarecht (9,90 €)
- 📖 Standardfälle Kommunalrecht (9,90 €)
- 📖 🎧 Basiswissen (Fr-Antw.) Staats I – StaatsorgaR (7 €)
- 📖 🎧 Basiswissen (Fr-Antw.) Staats II – Grundrechte (7 €)
- 📖 Basiswissen (Frage-Antwort) Verwaltungsrecht AT (7 €)
- 📖 Studienbuch Staatsorganisationsrecht (9,90 €)
- 📖 Studienbuch Grundrechte (9,90 €)
- 📖 Studienbuch Verwaltungsrecht AT (12 €)
- 📖 Studienbuch Europarecht (12,90 €) 🎧 Basiswissen EuR
- 📖 Staatshaftungsrecht (9,90 €)
- 📖 VerwaltungsR AT 1 – VwVfG u. 📖 AT 2–VwGO (7,90 €)
- 📖 VerwaltungsR BT 1 – POR (9,90 €)
- 📖 VerwaltungsR BT 2 – BauR u. 📖 BT 3 – UmweltR (9,90 €)
- 📖 🎧 Definitionen Öffentliches Recht (9,90 €)

Steuerrecht

- 📖 Abgabenordnung (AO) (9,90 €)
- 📖 Erbschaftsteuerrecht (9,90 €)
- 📖 Steuerstrafrecht/Verfahren/Steuerhaftung (7,90 €)

Sozialrecht

- 📖 Kinder- und Jugendhilferecht (7,90 €)
- 📖 Einführung in das Sozialrecht (9,90 €)

Nebengebiete

- 📖 Standardfälle ZPO (9,90 €)
- 📖 🎧 Standardfälle Handels- & GesellschaftsR (9,90 €)
- 📖 🎧 Standardfälle Arbeitsrecht (9,90 €)
- 📖 🎧 Basiswissen (Fr.-Aw.) Handelsrecht (7,90 €)
- 📖 🎧 Basiswissen (Fr.-Aw.) Gesellschaftsrecht (7,90 €)
- 📖 🎧 Basiswissen (Frage-Antwort) ZPO (7,90 €)
- 📖 🎧 Basiswissen (Frage-Antwort) StPO (7,90 €)
- 📖 Handelsrecht (9,90 €)
- 📖 Gesellschaftsrecht (9,90 €)
- 📖 Arbeitsrecht (9,90 €)
- 📖 Kollektives Arbeitsrecht (9,90 €)
- 📖 ZPO I – Erkenntnisverfahren (9,90 €)
- 📖 ZPO II – Zwangsvollstreckung (9,90 €)
- 📖 Strafprozessordnung – StPO (9,90 €)
- 📖 Einführung Internationales Privatrecht - IPR (9,90 €)
- 📖 Standardfälle IPR (9,90 €)
- 📖 Insolvenzrecht (9,90 €)
- 📖 Gewerblicher Rechtsschutz/Urheberrecht (9,90 €)
- 📖 Wettbewerbsrecht (9,90 €)
- 📖 Ratgeber 500 Spezial-Tipps für Juristen (12 €)
- 📖 Sportrecht (9,90 €)

Assessorexamen

- 📖 Der Aktenvortrag im Strafrecht (7,90 €)
- 📖 Der Aktenvortrag im Zivilrecht (7,90 €)
- 📖 Der Aktenvortrag im Öffentlichen Recht (7,90 €)
- 📖 Staatsanwaltl. Sitzungsdienst & Plädoyer (9,90 €)

Karteikarten (je 9,90 €)

- 📇 Grundlagen des Zivilrechts
- 📇 BGB Allgemeiner Teil (AT)
- 📇 Schuldrecht BT (§§ 433, 535, 631, 812, 823)
- 📇 Schemata Zivilrecht (AT, SchuldR, SachR, FamR)
- 📇 Strafrecht Allgemeiner Teil (AT)
- 📇 Strafrecht BT 1 und 📇 Strafrecht BT 2
- 📇 Streitfragen Strafrecht
- 📇 Staatsorganisationsrecht
- 📇 Grundrechte
- 📇 Verwaltungsrecht Allgemeiner Teil (AT)
- 📇 Schemata Öffentliches Recht

BWL

- 📖 Einführung i. die Betriebswirtschaftslehre (7,90 €)
- 📖 Organisationsgestaltung & -entwickl. (9,90 €)
- 📖 Fallstudien Organisationsgestaltung & -entwickl.
- 📖 Internationales Management (7 €)
- 📖 Wie gelingt meine wiss. Abschlussarbeit? (7 €)
- 📖 Medienwirtschaft für Mediengestalter (14,90 €)

Irrtümer und Änderungen vorbehalten!

Schemata

- 📖 Die wichtigsten Schemata–ZivR,StrafR,ÖR (14,90)
- 📖 Die wichtigsten Schemata–Nebengebiete (9,90 €)

🎧 bedeutet: auch als **Hörbuch** (CD oder MP3-Download) lieferbar!

Bei **niederle-media.de** bestellte Artikel treffen idR *nach 1-2 Werktagen* ein!

I. Geschichtlicher Überblick

1. Was wurde im Jahre 1215 in England verfasst?

Aus diesem Jahre stammt die sog. **Magna Carta Libertatum.**

2. Was beinhaltete diese?

Die Magna Carta Libertatum war die berühmteste **Freiheitsverbürgung** der englischen Verfassungsgeschichte. Sie besagte insbesondere in Art. 39, dass kein freier Mann seiner Freiheit beraubt werden durfte ohne ein gerichtliches Urteil seiner Standesgenossen und gemäß dem Gesetz des Landes. Sie bezog sich jedoch lediglich auf Adelige, die allein als „frei" angesehen wurden. Die Magna Carta ist prinzipiell auch heute noch geltendes englisches Verfassungsrecht.

3. Was war die Habeas Corpus Akte?

Die **Habeas Corpus Akte** stammt aus dem Jahre 1679. Sie beinhaltete einen Schutz gegen willkürliche Verhaftungen und entstand durch einen Konflikt zwischen dem englischen Parlament und dem damaligen König Karl II (1649-1685). Sie enthielt darüber hinaus prozedurale Garantien bei Freiheitsentziehungen und verlangte vor allem, dass Gefangene dem Richter vorzuführen sind.

4. Auf wen geht die Idee der Gewaltenteilung zurück?

Die Trennung der Staatsgewalten (Gesetzgebung, Verwaltung, Rechtsprechung) geht auf *Charles de Montesquieu* zurück. Sie zielt auf eine gegenseitige Kontrolle ab, um eine zu große Machtanhäufung in einer Hand zu verhindern, die zu Willkürherrschaft und Missbrauch führen kann. Sie ist geradezu eine Bedingung für bürgerliche Freiheit.

5. Welches war die erste vollständige Menschenrechtserklärung?

Als erste vollständige Menschenrechtserklärung wird die **Bill of Rights von Virginia** aus dem Jahre 1776 bezeichnet. Sie ist Ausdruck des naturrechtlich aufgeklärten Denkens der Neuzeit und beinhaltete insbesondere die überaus moderne Feststellung, dass *jeder* Mensch mit gewissen *unveräußerlichen* Rechten geboren wird, die auch durch den Staat nicht beschränkt werden können. Darüber hinaus enthielt sie auch weitergehende Grundrechte wie etwa die Presse- oder die Religionsfreiheit. In der amerikanischen Bundesverfassung von 1787 existierte zunächst kein vergleichbarer Menschenrechtskatalog. Ein solcher wurde jedoch im Jahre 1791 in Gestalt von 10 Zusatzartikeln („ten amendments") aufgenommen, die mittlerweile erweitert worden sind.

6. Wozu führte die Französische Revolution?

Die Französische Revolution führte zur Unterzeichnung der „**Déclaration des droits de l´homme et du citoyen**" – der französischen Menschen- und Bürgerrechtserklärung. Dort heißt es in Art. 1:

> „Die Menschen werden frei und gleich an Rechten geboren und bleiben es. Die gesellschaftlichen Unterschiede können nur auf dem Gesetz begründet sein."

Sie enthält nahezu **alle modernen Grundrechte**. So umfasst sie neben anderen etwa die Gleichheit der Menschen, die allgemeine Handlungsfreiheit, die Meinungs- und Pressefreiheit sowie den Eigentumsschutz.

7. Welches waren die drei Hauptereignisse der jüngeren deutschen Grundrechtsgeschichte?

Als solche sind die **Paulskirchenverfassung** (1848), die **Weimarer Reichsverfassung** (1919) sowie das **Grundgesetz** aus dem Jahre 1949 zu nennen.

Die Paulskirchenverfassung enthielt erstmals einen für das gesamte Deutschland bestimmten, verbindlichen Grundrechtskatalog. Dieser wurde durch das Einführungsgesetz vom 27.12.1848 außerhalb der Verfassung sogar in Kraft gesetzt. Nachdem die Verfassung von 1849 aber gescheitert war, entfaltete dieses Gesetz praktisch keinerlei Wirkung und wurde im Jahre 1851 auch formell durch die Bundesversammlung aufgehoben.

Die WRV regelte die Grundrechte in etwa 60 Artikeln im zweiten Hauptteil der Verfassung. Es finden sich alle Freiheitsrechte, der Gleichheitssatz, sowie die Gewährleistung des Eigentums. Allerdings wurden die Grundrechte weniger als verbindliches Recht, sondern vielmehr als unverbindliche Programmsätze verstanden.

Die Väter (und Mütter)[1] des Grundgesetzes hoben die besondere Bedeutung der Grundrechte demgegenüber dadurch hervor, dass sie sie an den Anfang der Verfassung stellten und die Verbindlichkeit ausdrücklich anordneten (Art. 1 III GG).

---

[1] Das GG wurde vom Parlamentarischen Rat erarbeitet. Mitglieder waren 65 Personen, darunter auch vier Frauen.

8. Beschreiben Sie die Entwicklung der Grundrechte seit 1949.

Seit dem Erlass des Grundgesetzes haben sich die Grundrechte als unmittelbar geltende Normen immer mehr durchgesetzt. *Hufen* spricht gar von der „Grundrechtsrepublik" Deutschland.[2]

Maßgeblich beteiligt an diesem Siegeszug der Grundrechte ist dabei das Bundesverfassungsgericht. Vor allem durch die Entwicklung der Drittwirkung der Grundrechte, die zu einer mittelbaren Wirkung auch in Privatrechtsverhältnissen führte und weiteren objektiven Grundrechtsfunktionen wie den Schutzpflichten, können die Grundrechte geradezu als omnipräsent bezeichnet werden.

Aufgrund eines etwas übereifrigen Gesetzgebers ist es in heutiger Zeit indes wieder die klassische Abwehrfunktion der Grundrechte, die durch das Bundesverfassungsgericht immer wieder in Erinnerung gerufen werden muss.

Sei es die Online-Durchsuchung oder die verdeckte Kennzeichenaufnahme: stets haben sich die Grundrechte des Grundgesetzes aufgrund ihrer unmittelbaren Wirkung auch gegenüber dem Gesetzgeber als effektive Bollwerke zum Schutz der bürgerlichen Freiheit erwiesen.

▶ **Literatur**

📖 Pieroth, **Jura** 1984, 568 (Geschichte der Grundrechte)
📖 Hofmann, **JuS** 1988, 841 (Geschichte der Grundrechte)
📖 Weber-Fas, **JuS** 2004, 882 (Gewaltenteilung)
📖 Hufen, **NJW** 1999, 1504 (Entwicklung der Grundrechte)

---

[2] *Hufen*, Staatsrecht II, § 2 Rn. 20.

II. Konzeption des Grundgesetzes

9. Wo finden sich die Grundrechte im GG?

Die Grundrechte finden sich zunächst im ersten Abschnitt des Grundgesetzes, der auch mit „Die Grundrechte" überschrieben ist. Diese 19 Artikel sind freilich nicht alle auch materielle Grundrechte. Vielmehr finden sich hier auch „allgemeine" Regelungen, die für alle Grundrechte Geltung beanspruchen. So enthält etwa Art. 19 I 2 GG das Zitiergebot oder Art. 19 II GG das Verbot der Antastung des Wesensgehalts. In Art. 18 GG findet sich eine Regelung zur Grundrechtsverwirkung.

Daneben sind in Art. 93 I Nr. 4a GG weitere sog. „grundrechtsgleiche Rechte" aufgeführt. Sie werden als solche bezeichnet, da sie zwar nicht im ersten Abschnitt des Grundgesetzes genannt werden, aber gleichwohl verfassungsbeschwerdefähig sind.

10. Welches Verhältnis besteht zwischen Grundrechten einer Landesverfassung und Grundrechten des Grundgesetzes?

Auch die Landesverfassungen enthalten häufig eigene Grundrechtskataloge. Da viele dieser Verfassungen älter sind, als das Grundgesetz, entsprechen diese Kataloge zwar im Wesentlichen, nicht jedoch in allen Details demjenigen des Grundgesetzes. Damit ist die Frage nach dem Verhältnis dieser Kataloge aufgeworfen. Grundsätzlich gilt dabei, dass die Landesgrundrechte keine Beschränkungen zulassen dürfen, die über diejenigen des Grundgesetzes hinausgehen. Dies folgt aus dem Vorrang des Bundesrechts vor dem Landesrecht, wie es in Art. 31 GG ausdrücklich festgehalten ist (sog. Normenpyramide):

```
┌─────────────────────────────────────┐
│        Gemeindliche Satzungen        │
│     Gemeindliche Verordnungen,       │
│        insbes. Ordnungsrecht         │
└─────────────────────────────────────┘
┌───────────────────────────────────────────┐
│             Landessatzungen               │
│         Landesrechtsverordnungen          │
│              Landesgesetze                │
│             Landesverfassung              │
└───────────────────────────────────────────┘
┌─────────────────────────────────────────────────┐
│          Bundesrechtsverordnungen               │
│                Bundesgesetze                    │
└─────────────────────────────────────────────────┘
┌───────────────────────────────────────────────────────┐
│                   Grundgesetz                         │
└───────────────────────────────────────────────────────┘
```

Das Fundament ist das **Grundgesetz**. Alles, was auf
dem Grundgesetz aufbaut, darf nicht in Widerspruch zu
der jeweils darunterliegenden Norm stehen. Die Landesverfassungen dürfen also nicht gegen das Grundgesetz verstoßen, da sie ihm im Rang nachgehen. **Art.
142 GG** gestattet es den Landesverfassungen jedoch,
Grundrechte in Übereinstimmung mit den Art. 1-18 GG
aufzustellen – dies gilt nach herrschender Meinung
auch für zusätzliche, über das Grundgesetz hinaus-
gehende Grundrechtsgewährleistungen (siehe auch
Lindner, JuS 2018, 233).

11. Welches ist der Ausgangspunkt der grundrechtlichen Konzeption des GG?

Den Ausgangspunkt bildet die **Menschenwürdegarantie** des Art. 1 I GG. Die Menschenwürde wird für unantastbar erklärt und alle staatliche Gewalt ist verpflichtet, sie zu achten und zu schützen. Die Menschenwürdegarantie ist damit das oberste Konstitutionsprinzip des GG, welches die gesamte Verfassungs- und Rechtsordnung bestimmt.

Durch die Menschenwürdegarantie wird klargestellt, dass der Staat um des Menschen willen existiert und nicht umgekehrt. Der Einzelne wird als individuelles Subjekt mit eigenen Rechten wahrgenommen und darf unter keinen Umständen zu einem bloßen „Rädchen im System" verkommen.

Dies wird auch durch die Ewigkeitsgarantie noch einmal abgesichert: Nach Art. 79 III GG sind Änderungen der Verfassung, durch die die Grundsätze des Art. 1 und 20 GG berührt werden, unzulässig.

Die Menschenwürdegarantie wird auf der nächsten Stufe durch das allgemeine Freiheitsrecht des Art. 2 I GG und den allgemeinen Gleichheitssatz des Art. 3 I GG konkretisiert.

In jüngerer Zeit wird die deutsche Dogmatik zudem immer mehr durch die Entwicklung eines europäischen Grundrechtsschutzes überlagert. Dies betrifft zum einen die Europäische Menschenrechtskonvention des Europarats als auch die Grundrechtecharta der Europäischen Union, die durch den Vertrag von Lissabon rechtliche Verbindlichkeit erhalten hat.

▸ **Literatur**
📖 Gallwas, **JA** 1981, 536 (Bundes- u. Landesgrundrechte)
📖 Maurer, **JZ** 1999, 689 (Grundlagen)

III. Grundrechtsarten

12. Welche Grundrechtsarten lassen sich grundsätzlich unterscheiden?

Nach ihrem Zweck lassen sich unterscheiden:

Freiheitsrechte	Gleichheitsrechte	Teilhaberechte

Freiheitsgrundrechte zielen auf staatliches Unterlassen ab und sollen die Freiheit des Einzelnen vor Eingriffen der öffentlichen Gewalt schützen. Dazu gehören z.B. Art. 2 II, 4, 5, 12 GG. Im Vordergrund steht somit hier die Abwehr staatlicher Belastungen zum Schutze der individuellen Freiheit. Dieser Hauptfunktion entsprechend werden sie auch als „Abwehrrechte gegen den Staat" bezeichnet."

Gleichheitsrechte zielen auf Gleichbehandlung in vergleichbaren Situationen ab. Dem Staat ist es nicht gestattet, Einzelne willkürlich ungleich zu behandeln. Unterscheiden lassen sich dabei der allgemeine Gleichheitssatz des Art. 3 I GG und besondere Gleichheitssätze, die bestimmte Differenzierungskriterien für grundsätzlich unzulässig erklären (etwa Art. 3 II, III GG).

Teilhaberechte geben dem Bürger einen Anspruch auf Teilhabe an bereits bestehenden staatlichen Leistungen. Da es hier also um Leistungen an Einzelne geht, die den staatlichen Haushalt belasten, sind solche Teilhaberechte die Ausnahme. Zu unterscheiden ist zwischen derivativen Teilhaberechten, die lediglich verlangen, dass der Einzelne an bestehenden Leistungen in gleicher Weise beteiligt wird und originären Teilhaberechten, die dem Einzelnen einen Anspruch auf die Einräumung einer neuen Leistung geben.

13. Nach welchen Gesichtspunkten lassen sich die Freiheitsrechte unterscheiden?

Es lassen sich unterscheiden:[3]

- Freiheit der **Individualsphäre** (Art. 2 II 1, 2 II 2, 104, 4 I GG)
- Schutz des **persönlichen Umfelds** (Art. 6, 13, 11 GG)
- **Kommunikative** Freiheitsrechte (Art. 5 I 1 Hs. 2, 8 I, 9 I , 10 I GG)
- **Kulturelle** Freiheitsrechte (Art. 4 II, 5 III, 7 II-V GG)
- **Wirtschaftliche** Freiheitsrechte (Art. 9 III, 12 I, 14 GG)
- **Staatsbürgerliche** Rechte (Art. 17, 33 II, 38 I 1 GG)
- **Prozessgrundrechte** (Art. 19 IV, 101 I 2, 103 I-III GG).

14. Welche Gleichheitsrechte existieren im GG?

Hier ist zwischen dem **allgemeinen** und den **speziellen Gleichheitsrechten** zu unterscheiden. Der allgemeine Gleichheitssatz ist in Art. 3 I GG normiert. Er verlangt grundsätzlich, dass *Gleiches gleich und Ungleiches entsprechend seiner Ungleichheit ungleich behandelt wird.* Untersagt sind also lediglich willkürliche Ungleichbehandlungen. Möglich sind hingegen Ungleichbehandlungen, die durch sachliche Gründe gerechtfertigt werden können. Spezielle Gleichheitsrechte finden sich in den Art. 3 III GG (Diskriminierungsverbot), Art. 3 II GG (Gleichberechtigung von Mann und Frau), Art. 33 II GG (gleicher Zugang zu öffentlichen Ämtern) sowie Art. 38 I GG (Wahlrechtsgleichheit). Hier wird jeweils die Unterscheidung nach einem bestimmten Differenzierungskriterium für unzulässig erklärt.

---

[3] Vgl. *Maurer*, Staatsrecht I, § 9 Rn 10.

IV.   Funktionen der Grundrechte

15.   Welche Funktionen haben die Grundrechte?

Die Grundrechte sind in erster Linie **Abwehrrechte** des Bürgers gegen staatliche Eingriffe in seinen Freiheitsbereich. Durch diese Rechte werden dem Staat also bei der Ausübung seines Gewaltmonopols Grenzen gesetzt. Art. 1 III GG stellt ausdrücklich die Bindung aller Staatsgewalten an die Grundrechte fest. Die Grundrechte stellen somit **subjektive Rechte** des einzelnen Bürgers gegenüber dem Staat dar. Der Einzelne kann verlangen, dass nicht gerechtfertigte staatliche Eingriffe, wenn sie bereits geschehen sind, beseitigt und wenn sie bevorstehen, unterlassen werden.

Das Mittel, das ihm dazu unter anderem zur Verfügung steht, ist die **Verfassungsbeschwerde**, siehe auch unter IX. Zur Verfassungsbeschwerde vgl. auch *Reffken/ Thiele*, Standardfälle Staatsrecht II, S. 8 ff.

Daneben begründen die Grundrechte auch **staatliche Schutzpflichten**. So verbietet Art. 2 II GG nicht nur ungerechtfertigte Eingriffe des Staates, sondern gebietet auch, dass Schutzmaßnahmen durch den Staat ergriffen werden, wenn das Leben oder die Gesundheit von privater dritter Seite gefährdet werden (**Schutzfunktion**). Adressat der Schutzpflicht ist dabei nicht der störende Dritte, sondern der Staat selbst, der sich gleichsam schützend zwischen den Angreifer und den Angegriffenen stellen muss.

Die Realisierung der Schutzpflicht hängt jedoch von verschiedenen rechtlichen und tatsächlichen Umständen ab, so dass nach dem BVerfG eine Verletzung dieser Schutzpflicht aufgrund des *weiten Ermessensspielraums* des Gesetzgebers nur dann als gegeben angesehen werden kann

> *„wenn die öffentliche Gewalt Schutzvorkehrungen entweder überhaupt nicht getroffen hat oder die getroffenen Regelungen und Maßnahmen gänzlich ungeeignet oder völlig unzulänglich sind, das gebotene Schutzziel zu erreichen oder erheblich dahinter zurückbleiben"* (BVerfGE 92, 46).

Der Staat muss diese Schutzpflichten somit in einem ausreichenden Maße erfüllen. Man spricht in diesem Zusammenhang vom *Untermaßverbot*, das der Staat einzuhalten hat.

Problematisch ist, inwieweit die Grundrechte in ihrer Funktion auch **Leistungsansprüche** festlegen. Der Grundgesetzgeber hat bewusst auf die Festlegung sozialer Grundrechte verzichtet.

Solche **originären Teilhaberechte**, die als echte Leistungsrechte erforderlichenfalls einen Anspruch auf Schaffung neuer bzw. zusätzlicher Leistungsangebote geben sollen, müssen daher die Ausnahme bleiben. Als eine solche Ausnahme anerkannt ist z.B. Art. 1 III GG, aus dem ein „Recht auf das Existenzminimum" abgeleitet wird. Laut BVerfG ergibt sich ferner aus Art. 12 I GG ein Anspruch auf Zulassung zum Hochschulstudium – allerdings beschränkt durch den Vorbehalt des Möglichen (BVerfGE 33, 303).

Hiervon zu unterscheiden sind die sogenannten **derivativen Teilhaberechte**. Diese gewähren eine gleichmäßige Beteiligung an den staatlichen Leistungen und Einrichtungen und ergeben sich unmittelbar aus dem Gleichheitssatz, Art 3 I GG.

16. Wie erfolgt die Prüfung einer Schutzpflichtverletzung in der Klausur?

Die Prüfung einer Schutzpflichtverletzung erfolgt dreistufig:

> 1. Liegt ein schutzfähiges Rechtsgut vor?
>
> 2. Liegt eine Gefährdungslage vor?
>
> 3. Erfüllt der Staat seine Schutzpflicht in ausreichendem Maße (Untermaßverbot)?

17. Der Industrielle I wird von Terroristen entführt, die die Freilassung von Gesinnungsgenossen verlangen. Die Bundesregierung versucht auf vielfältige Weise, den I freizubekommen. Als sich kein Erfolg abzeichnet, stellen Angehörige des I beim BVerfG den Antrag, die Bundesregierung zu verpflichten, den Forderungen der Entführer nachzukommen. Mit Erfolg?

Die Frage, die sich hier stellt ist, ob die Bundesregierung eine **Schutzpflicht** *verletzt* hat. Als schutzfähiges Gut kommt hier das Recht auf Leben aus Art. 2 II 1 GG in Betracht. Aufgrund der Entführung liegt auch eine Gefährdungslage vor. Fraglich ist jedoch, ob ohne die Freilassung der Gesinnungsgenossen ein Verstoß gegen das *Untermaßverbot* vorliegt. Hier hatte sich die Bundesregierung bereits auf vielfältige Weise bemüht, den Entführten I freizubekommen. Sie war somit nicht untätig. Ihre Maßnahmen waren auch nicht völlig unzureichend. Aufgrund des **großen Ermessensspielraums** ist daher nicht von einer Verletzung des Untermaßverbotes auszugehen (vgl. BVerfGE 46, 106).

Hinweis: Diese Problematik ist unlängst durch die Entführungen deutscher Personen im Ausland wieder aktuell geworden. Es stellt sich die Frage, inwieweit ein Anspruch der Entführungsopfer besteht, dass die Bundesregierung sich um eine Freilassung bemüht. Verfassungsrechtlich wird man davon ausgehen müssen, dass die Bundesregierung auch hier nicht gänzlich untätig bleiben darf, darüber hinaus jedoch über ein weites Ermessen verfügt. Sie ist damit vor allem nicht zu weitgehenden politischen Entscheidungen verpflichtet. Fraglich ist indes, ob sie verpflichtet ist, etwa ein angemessenes Lösegeld zu bezahlen. Auch dies muss jedoch aufgrund der vielfältigen Implikationen m.E. abgelehnt werden.

18. Was versteht man unter der objektiven Wirkung der Grundrechte?

Das BVerfG sieht in den Grundrechten nicht nur subjektive Abwehrrechte, sondern auch **objektive Wertentscheidungen** (BVerfGE 7, 198). Die Grundrechte sind insgesamt also zugleich **Bestandteil der objektiven Rechtsordnung**. Eine Folge, die das BVerfG aus dieser objektiven Wirkung ableitet, ist das Institut der **mittelbaren Drittwirkung** der Grundrechte in Privatrechtsverhältnissen (vgl. Frage 22). Auch die **staatliche Schutzpflicht** für grundrechtlich geschützte Güter leitet das BVerfG aus der objektiv-rechtlichen Funktion der Grundrechte her.

Insgesamt durchwehen die Grundrechte also die gesamte Rechtsordnung und prägen das staatliche Gemeinwesen. Diese vom Verfassungsgericht entwickelten objektiven Funktionen haben maßgeblich zum Erfolg der Grundrechte des Grundgesetzes beigetragen.

19. Was versteht man unter Institutsgarantien bzw. institutionellen Garantien?

Der Wortlaut bestimmter Grundrechte deutet darauf hin, dass diese nicht nur subjektive Rechte, sondern auch den Fortbestand bestimmter Rechtseinrichtungen garantieren. Differenziert wird hier zwischen sog. **Institutsgarantien** und sog. **institutionellen Garantien**. Institutsgarantien verbürgen den Fortbestand einer Rechtseinrichtung des *Privatrechts*. Ein Beispiel ist Art. 6 I GG, der das *Institut der Ehe* gewährleistet. Institutionelle Garantien verbürgen demgegenüber eine Rechtseinrichtung des *öffentlichen Rechts*. Beispiel: Art. 33 V GG verbürgt das *Berufsbeamtentum*. Für die Klausurbearbeitung spielen die Einrichtungsgarantien nur eine untergeordnete Rolle.

Insgesamt sollte die Bedeutung dieser Einrichtungsgarantien nicht überschätzt werden; sie gewähren jedenfalls keine weiteren subjektiven Rechte. Teilweise werden sie auch angesichts der Konzeption des GG für ganz überflüssig gehalten, siehe *Maurer*, Staatsrecht I, § 9 Rn 22. Tatsächlich war die Entwicklung dieser Einrichtungsgarantien eng mit der Grundrechtskonzeption der Weimarer Verfassung verknüpft, die die Grundrechte eher als Programmsätze und weniger als unmittelbar – auch den Gesetzgeber bindendes – geltendes Recht ansah.

▶ **Literatur**

📖 Rubel, **JA** 1990, Ü 15 (gelbe Seiten) (Frage- Antwort)
📖 Gostomzyk, **JuS** 2004, 505 (objektive Werteordnung)
📖 Klein, **JuS** 2006, 960 (Untermaßverbot)
📖 Wild, **DÖV** 2004, 366 (Teilhaberechte)
📖 Stern, **DÖV** 2010, 241 (Schutzpflichten)
📖 von Kilemansegg, **JuS** 2009, 19, 118, 216 (allg. Lehren)

V.　Personeller Geltungsbereich

20.　Wer ist grundsätzlich Grundrechtsadressat?

Gemäß Art. 1 III GG richten sich die Grundrechte an die Gesetzgebung, die vollziehende Gewalt und die Rechtsprechung. Erfasst sind also **alle drei staatlichen Gewalten** und damit der Staat als Ganzes. Hierin zeigt sich noch einmal die klassische Funktion der Grundrechte als Abwehrrechte gegen den Staat. In der Bindung auch des Gesetzgebers zeigt sich zudem ein bedeutender Unterschied zur Konstruktion der Weimarer Reichsverfassung.

Grundsätzlich unerheblich ist es dabei, in welcher Form staatliche Organe handeln. Die Grundrechte gelten also auch dann, wenn sich der Staat der Formen des Privatrechts bedient („Keine Flucht des Staates ins Privatrecht").

Das Bundesverfassungsgericht hat unlängst entschieden, dass eine Bindung an die Grundrechte auch vorliegt, sofern der Staat nur Teilhaber eines im Übrigen privaten Unternehmens ist und dieses Unternehmen dem öffentlichen Raum zuzuordnen ist. Es ging um eine Demonstration im frei zugänglichen Bereich eines Flughafens.

21.　Was versteht man unter der Grundrechtsbindung des Privatrechtsgesetzgebers?

Die Grundrechte gelten gemäß Art. 1 III GG für die gesamte Staatstätigkeit und damit auch für den Gesetzgeber. Dies gilt unabhängig von der Frage, mit welcher Materie der Gesetzgeber sich beschäftigt. Auch dann, wenn dieser Gesetze erlässt, die die Verhältnisse von Privatpersonen untereinander regeln (etwa das BGB), ist er an die Grundrechte gebunden. Auch der Privatrechtsgesetzgeber ist also grundrechtsgebunden. Auch hier zeigt sich der Unterschied zur Weimarer Reichsverfassung. Die Bindung des Privatrechtsgesetzgebers bildet zudem den Ausgangspunkt für die vom Bundesverfassungsgericht entwickelte mittelbare Drittwirkung in Privatrechtsverhältnissen.

22. Gelten die Grundrechte auch zwischen Privaten?

Gemäß Art. 1 III GG richten sich die Grundrechte primär an den Staat. Teilweise wurde jedoch vertreten, dass darüber hinaus auch Privatpersonen unmittelbar Adressat der Grundrechte seien, um so eine optimale Wirkung der Grundrechte zu gewährleisten. Eine solche **unmittelbare Bindung** Privater ist jedoch **abzulehnen**, da sie zu permanenten Grundrechtskollisionen führen und dadurch die Privatautonomie zu stark beschränken würde.

Das Privatrecht „lebt" geradezu von der Privatautonomie des Einzelnen. Jeder kann sich seinen Vertragspartner frei aussuchen und braucht sich dabei keineswegs an rationale Kriterien zu halten. Im Falle einer Grundrechtsbindung würde schon Art. 3 I GG jedoch stets einen sachlichen Grund für die getroffene Auswahl verlangen.

Eine ganz ähnliche Diskussion wird im Rahmen des Europarechts bei der Frage einer möglichen Bindung Privater an die Europäischen Grundfreiheiten geführt. Auch hier wird eine solche auch von der Rechtsprechung grundsätzlich abgelehnt. Eine Ausnahme bildet die Arbeitnehmerfreizügigkeit. Siehe hierzu *Thiele*, Europarecht, § 14.

Etwas anderes gilt allein für Art. 9 III 2 GG, der eine unmittelbare Wirkung ausdrücklich anordnet.

Allerdings ist zu berücksichtigen, dass die Grundrechte insgesamt eine **objektive Werteordnung** postulieren, die als verfassungsrechtliche Grundentscheidung in alle Rechtsbereiche hineinwirkt. Insbesondere über die zivilrechtlichen Generalklauseln wie z.B. § 138 BGB oder § 242 BGB entfalten die Grundrechte daher auch eine Ausstrahlungswirkung in das Privatrecht hinein. Bei der Auslegung dieser Generalklauseln müssen somit die grundrechtlichen Wertungen berücksichtigt und bestehende Konflikte im Wege der praktischen Konkordanz aufgelöst werden. Es besteht damit also zumindest eine **mittelbare Drittwirkung.**

Die Grundrechtsbindung des Privatrechtsgesetzgebers, der typische Konflikte durch die Verwendung von Generalklauseln generell-abstrakt auflöst, setzt sich also in der Bindung an die grundrechtliche Werteordnung bei der Auslegung dieser Generalklauseln fort. Die Auslegung darf mit anderen Worten zu keinem Ergebnis führen, welches der Gesetzgeber nicht auch als allgemeines Gesetz hätte erlassen können.

Fallbeispiel bei *Reffken/Thiele*, Standardfälle Staatsrecht II, Fall 5.

Tipp: Im Arbeitsrecht gibt es z.B. den mittelbar auf Art. 3 GG gestützten arbeitsrechtlichen Grundsatz der *Gleichbehandlung*. Danach muss der Arbeitgeber bei freiwilligen Leistungen (Zulagen etc.) dafür Sorge tragen, dass kein Arbeitnehmer aus sachfremden oder willkürlichen Gründen ausgeschlossen bleibt.

---

23. Die Gemeinde X organisiert ihre Einrichtung Y privatrechtlich, indem sie eine GmbH gründet. Kann sie sich hierdurch ihrer Grundrechtsbindung entziehen?

Nein. Die Grundrechte gelten auch dann, wenn der Staat Verwaltungsaufgaben in der Form des Privatrechts wahrnimmt. Die Gemeinde ist als Körperschaft des öffentlichen Rechts Teil des Staates und damit bei ihrer Tätigkeit **stets an die Grundrechte gebunden.** Sie kann sich nicht in das Privatrecht flüchten, um damit ihrer Grundrechtsbindung zu entgehen.

Merksatz: „Keine Flucht ins Privatrecht!"

24. Welche zwei Grundrechtsarten lassen sich grundsätzlich bezüglich der Berechtigten unterscheiden?

Unterscheiden lassen sich die sogenannten **Menschenrechte** auf der einen und die **Bürgerrechte** auf der anderen Seite. Während sich bei den Menschenrechten grundsätzlich *Jeder* auf diese berufen kann, sind bei den Bürger- (oder Deutschen-) rechten nur deutsche Staatsbürger i.S.d. Art. 116 GG vom persönlichen Schutzbereich umfasst. Eine Ausnahme besteht für Bürger der Europäischen Union, siehe Frage 26.

25. Was umfasst der Begriff „Jedermann" in den Menschenrechten? Sind auch juristische Personen einbezogen?

Der Begriff „Jedermann" umfasst zunächst **alle natürlichen Personen**. Diese Grundrechtsberechtigung besteht zeitlich grds. von der Geburt bis zum Tode. Inwieweit auch das Ungeborene Grundrechtsträger sein kann, ist umstritten. Fraglich ist hier insbesondere die Geltung des Rechts auf Leben aus Art. 2 II GG, sowie der Menschenwürdegarantie.

Nach überwiegender Ansicht beginnt der Schutz des Lebens bereits mit der Befruchtung der Eizelle. Die Rechtsprechung lässt mit diesem Zeitpunkt auch den Menschenwürdeschutz eingreifen, was jedoch fraglich erscheint.

Über den Tod hinaus entfaltet nach Ansicht des BVerfG jedenfalls die Menschenwürdegarantie gewisse Wirkungen (etwa postmortaler Persönlichkeitsschutz).

Darüber hinaus sind gemäß Art. 19 III GG auch **inländische juristische Personen** Träger derjenigen Grundrechte, die ihrem Wesen nach auf sie anwendbar sind. Der Begriff der juristischen Person in Art. 19 III GG ist weiter als derjenige des Privatrechts. Erforderlich ist lediglich **Teilrechtsfähigkeit**. Damit ist auch die GbR erfasst. **Inländisch** ist eine juristische Person dann, wenn der Schwerpunkt der Verwaltungstätigkeit im Inland liegt.

Bei Deutschengrundrechten wird zudem verlangt, dass die Gesellschaft von Deutschen „beherrscht" wird, um so eine Umgehung des Staatsangehörigkeitserfordernisses zu vermeiden. Deutsche Staatsbürger müssen also in den jeweiligen Gremien die erforderliche Mehrheit bilden. Ansonsten käme es zu der seltsamen Konsequenz, dass eine individuelle Ausübung des jeweiligen Grundrechts nicht möglich wäre, eine kollektive aber schon. Zudem wird man für juristische Personen aus dem EU-Ausland wegen des Vorrangs des Unionsrechts (dazu *Thiele*, Europarecht, § 6) eine Ausnahme machen müssen. Diese sind demnach ebenfalls nach Art. 19 III GG grundrechtsfähig.

Dem Wesen nach anwendbar sind diejenigen Grundrechte, die auch kollektiv ausgeübt werden können, also nicht an natürliche Eigenschaften des Menschen anknüpfen (Bsp.: Art. 12, nicht jedoch Art. 2 II GG).

Juristische Personen des *öffentlichen Rechts* sind grds. nicht grundrechtsfähig; der Staat ist insgesamt Adressat aber nicht Träger der Grundrechte (**Konfusionsargument**).

Merksatz: Der Staat kann nicht zugleich Berechtigter und Verpflichteter sein!

Hiervon sind jedoch **zwei Ausnahmen** zu machen:

- Zunächst können sich diejenigen juristischen Personen des öffentlichen Rechts, die einem bestimmten *grundrechtlich geschützten Lebensbereich* zugeordnet sind, eben auf dieses Grundrecht berufen. Dies gilt etwa für Universitäten bzgl. Art. 5 III GG (Freiheit von Wissenschaft,

Forschung und Lehre) oder für öffentlich-rechtliche Rundfunkanstalten bzgl. Art. 5 I GG. Auch die Kirchen sind zwar Körperschaften des öffentlichen Rechts – können sich aber dennoch notwendigerweise u.a. auf Art. 4 I GG (Glaubensfreiheit) berufen (BVerfGE 42, 312, 321 ff.). Öffentlich-rechtliche Religionsgemeinschaften sind sogar *umfassend grundrechtsfähig.*

- Zweitens können sich *alle* juristischen Personen auf die *Prozessgrundrechte* (Art. 19 IV, 101, 103 I) berufen. Letzteres gilt laut BVerfG auch für die ansonsten nicht grundrechtsfähigen ausländischen juristischen Personen (BVerfGE 21, 362 (373). Dies folgt aus dem prozessualen Grundsatz der „Waffengleichheit".

Beispiel: Im Land L soll ein neues Kernkraftwerk gebaut werden. Die unmittelbar an das Baugelände angrenzende Gemeinde G macht geltend, durch den Bau in ihrem Eigentumsrecht aus Art. 14 verletzt zu sein. Kann die G sich auf Art. 14 GG berufen?

Lösung: Nach Art. 19 III GG kommt es generell darauf an, ob Art. 14 seinem Wesen nach auf eine juristische Person anwendbar ist. Das ist generell der Fall, da Art. 14 GG nicht auf persönliche Eigenschaften abstellt, die allein natürlichen Personen zukommen. Problematisch ist aber, dass es sich hier um eine juristische Person des öffentlichen Rechts handelt. Die Gemeinde G ist damit Teil des Staates und als solcher Adressat und nicht Träger der Grundrechte. Sie ist also bei ihren Handlungen an die Grundrechte gebunden, kann sich aber nicht gegenüber anderen staatlichen Stellen auf diese berufen (Konfusionsargument). Die Rechtsprechung verwehrt der Gemeinde daher in ständiger Rechtsprechung die Möglichkeit, sich auf Grundrechte und damit auch auf Art. 14 GG zu berufen. **Merke: „Art. 14 schützt das Eigentum Privater und nicht das Privateigentum."**
Diese Rechtsprechung wird jedenfalls im Hinblick auf Gemeinden in der Literatur kritisiert. Zwar seien Gemeinden formal betrachtet Teil des Staates. Aufgrund der besonderen Autonomie, die ihnen über Art. 28 GG gewährt wäre, befänden sie sich jedoch anders als andere staatliche Stellen in einer grundrechtstypischen Gefährdungslage, die es rechtfertige, ihnen ausnahmsweise eine Grundrechtsträgerschaft zuzusprechen. Siehe etwa *Hufen*, Staatsrecht II, § 6 Rn. 40.

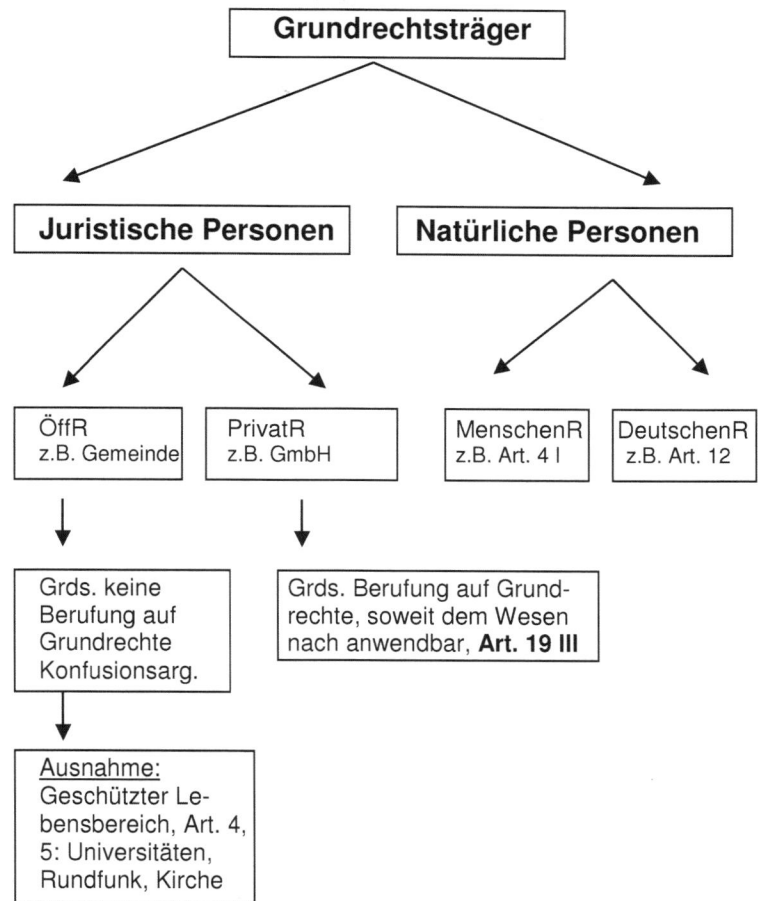

26. **M aus Italien fühlt sich durch eine hoheitliche Maßnahme in ihrer Berufsfreiheit verletzt. Kann sie sich auf Art. 12 GG berufen?**

Fraglich ist, ob M in den persönlichen Schutzbereich des Art. 12 GG fällt. Da es sich bei Art. 12 GG um ein **Deutschengrundrecht** handelt, ist dies an sich nicht der Fall. Allerdings ist Italien ein Mitgliedstaat der EU.

Der AEU-Vertrag verbietet in seinem Art. 18 AEU jedoch eine Diskriminierung aus Gründen der Staatsangehörigkeit. Da dieses Verbot Vorrang vor nationalem (Verfassungs-) Recht genießt (siehe *Thiele*, Europarecht, § 6), wird man EU-Bürgern jedenfalls den gleichen Schutzumfang gewähren müssen.

Fraglich ist jedoch, wie dies erreicht werden kann. Nach einer Auffassung sind die Deutschengrundrechte **europarechtskonform auszulegen**, so dass sich auch EU-Bürger auf diese Rechte berufen können. Gegen eine solche Lösung spricht jedoch an sich der eindeutige Wortlaut dieser Regelungen. Nach anderer Ansicht muss in diesen Fällen daher weiterhin allein Art. 2 I GG geprüft werden, wobei der Schutzumfang jedoch dem jeweiligen Deutschenrecht anzugleichen ist. In der Klausur sind grds. beide Wege gangbar.

Tipp: In einer Klausur empfiehlt es sich, der ersten Ansicht zu folgen, da dann das entsprechende Grundrecht nach dem üblichen Schema geprüft werden kann.

27. Was versteht man unter Grundrechtsmündigkeit?

Unter dem Begriff der Grundrechtsmündigkeit ist die Frage zu diskutieren, ob und ggf. wann ein Minderjähriger sich selbstständig auf ein Grundrecht berufen kann. Dies ist gesetzlich nicht geregelt. Überwiegend wird auf die **individuelle Einsichtsfähigkeit** des Minderjährigen abgestellt. Teilweise hat der Gesetzgeber auch bestimmte Altersgrenzen geregelt, die als Anhaltspunkt für die Einsichtsfähigkeit herangezogen werden können. Nach § 5 des Gesetzes über die religiöse Kindererziehung steht dem Kind z.B. nach der Vollendung des vierzehnten Lebensjahrs die Entscheidung darüber zu, zu welchem religiösen Bekenntnis es sich halten will.

28. A möchte sein Vertrauen in die Bundesrepublik dadurch zeigen, dass er auf „seine Grundrechte verzichte". Ist das möglich?

Über die Zulässigkeit eines solchen Grundrechtsverzichts lässt sich dem GG zunächst nur bzgl. einiger Grundrechte etwas entnehmen. Nach Art. 6 III GG z.B. kommt es auf den Willen der Erziehungsberechtigten an, ähnliches gilt für Art. 7 III 3 GG.

Die anderen Fälle müssen nach der Funktion des Grundrechts entschieden werden. Die Ausgangsüberlegung bildet dabei die Tatsache, dass es sich bei den Grundrechten um **subjektive Rechte** des Einzelnen handelt, über die der Berechtigte grds. frei disponieren kann. Andererseits begründen die Grundrechte auch eine objektive Rechtsordnung, über die der Einzelne nicht verfügen darf.

Entscheidend sind hier im Ergebnis die Besonderheiten des Einzelfalls. Dabei sind insbesondere Dauer und Intensität des möglichen Eingriffs mit in die Überlegungen einzubeziehen. Jedenfalls nicht zulässig ist ein völliger Verzicht auf ein Grundrecht oder gar alle Grundrechte für die Zukunft. Stets muss es sich um einen **konkreten Einzelfall** handeln, da nur dann die Konsequenzen für den Berechtigten überschaubar bleiben. Das Vorgehen des A ist also nicht zulässig; der Verzicht ist unwirksam.

29. Wo ist die Grundrechtsverwirkung geregelt?

In Art. 18 GG.

30. Was besagt diese Regelung?

Nach dieser Regelung ist es möglich, dass das **BVerfG** unter bestimmten Umständen eine **Verwirkung bezüglich bestimmter Grundrechte** anordnet. Der Staat soll in der Lage sein, sich gegen Feinde des demokratisch-rechtsstaatlichen Systems zur Wehr zu setzen. Sofern eine Verwirkung ausgesprochen wird, können sich die betroffenen Personen vor staatlichen Stellen und auch vor Gericht nicht mehr auf das verwirkte Grundrecht berufen.

Gerichte müssen darauf gerichtete Klagen somit als unzulässig verwerfen. Eine Verwirkungsentscheidung stellt den Betroffenen jedoch nicht völlig rechtlos. Diese Konsequenz wäre schon mit der Menschenwürde nicht vereinbar. Stets möglich bleibt daher die Berufung auf das allgemeine Freiheitsrecht des Art. 2 I GG, dessen Schutzumfang freilich hinter dem der besonderen Grundrechte zurückbleibt. Grundrechtseingriffe bedürfen damit weiterhin einer Grundlage in einem Gesetz, wobei jedoch die Anforderungen an die Rechtfertigung eines solchen Eingriffs sinken.

Bislang kam es zu keiner einzigen Verwirkungsentscheidung. Sie sollte im rechtsstaatlichen System des Grundgesetzes auch die absolute Ausnahme darstellen. Zu betonen ist aber der symbolische Charakter des Art. 18 GG als Ausdruck einer wehrhaften Demokratie.

31. Welches sind die Voraussetzungen einer Grundrechtsverwirkung?

Voraussetzung ist ein **Missbrauch des** betroffenen **Grundrechts** zum Kampf gegen die freiheitlich demokratische Grundordnung. Der Begriff der freiheitlich-demokratischen Grundordnung ist wie in Art. 21 II GG zu verstehen. Er umfasst also die wesentlichen Strukturprinzipien des Grundgesetzes:

- Achtung der Menschenrechte;
- Volkssouveränität;
- Verantwortlichkeit der Regierung;
- Gewaltenteilung;
- Gesetzmäßigkeit der Verwaltung;
- Unabhängigkeit der Verwaltung;
- Mehrparteienprinzip.

▶ **Literatur**

📖 Höfling, **JA** 1995, 431 (Grundrechtsbindung d. Staates)

📖 Mertens, **JuS** 1989, 857 (Juristische Personen, Art. 19 III)

📖 Fischinger, **JuS** 2007, 808 (Grundrechtsverzicht)

📖 Schoch, **Jura** 2001, 201 (Juristische Personen, Art. 19 III)

📖 von Mutius, **Jura** 1987, 272 (Grundrechtsmündigkeit)

📖 Guckelberger, **JuS** 2003, 1151 (Drittwirkung)

📖 Sachs, **JuS** 2012, 379 (Jur. Personen mit Sitz in der EU)

VI. Die Prüfung von Freiheitsrechten

32. In welche drei Stufen zerfällt die Prüfung eines Freiheitsgrundrechts?

Die Prüfung eines Freiheitsgrundrechts zerfällt regelmäßig in die Stufen

I. Schutzbereich

↓

II. Eingriff in den Schutzbereich

↓

III. Verfassungsrechtliche Rechtfertigung

In einer Klausur oder Hausarbeit könnte man die materielle Prüfung eines Grundrechts etwa folgendermaßen beginnen:

Der A ist in seinem Grundrecht aus Artikel X verletzt, wenn ein **Eingriff** in den **Schutzbereich** des Artikels X vorliegt, der **verfassungsrechtlich nicht gerechtfertigt** werden kann.

33. Was wird bei den einzelnen Punkten überprüft?

Unter dem Prüfungspunkt **Schutzbereich (I.)** wird zunächst untersucht, welches Freiheitsgrundrecht durch die zu untersuchende staatliche Maßnahme berührt sein könnte und ob die betreffende Handlung des Grundrechtsberechtigten durch dieses Grundrecht auch tatsächlich geschützt wird. Das tatsächliche Geschehen muss also einem Normbereich zugeordnet werden. Zudem muss geprüft werden, ob der Betroffene auch Träger des jeweiligen Grundrechts ist. Es ist also zu klären:

- Was ist geschützt?
- Wer ist geschützt?

Beispiel 1: A verdient seinen Lebensunterhalt mit „Glücksspielen". Die Ordnungsbehörde untersagt ihm dies. Stellt das Glücksspiel einen *Beruf* i.S.d. Art. 12 I GG dar? Ist A *Deutscher?*

Beispiel 2: A bekundet öffentlich, dass die Politik des Ministers M „menschenverachtend" sei. Im Schutzbereich des Art. 5 I GG ist zu prüfen, ob dies eine *Meinung* i.S.d. Art. 5 I GG darstellt.

Beispiel 3: A und sein Nachbar N erscheinen, bewaffnet mit Knüppeln, im Rathaus, um gegen Hartz IV zu demonstrieren. Im Schutzbereich des Art. 8 I wäre insbesondere zu prüfen, ob A und N sich „friedlich und ohne Waffen" versammelt haben. Zudem müsste geklärt werden, ob es sich bei A und N um „Deutsche" iSd. Art. 116 GG handelt.

Im **zweiten Schritt (II.)** wird überprüft, ob nach Eröffnung des Schutzbereiches durch die staatliche Maßnahme auch ein **Eingriff** in das jeweilige Grundrecht vorliegt. Zu untersuchen ist also, ob durch das Handeln eines Adressaten der Freiheitsbereich des Berechtigten eingeschränkt also „verkleinert" wurde. Zu erörtern ist hier auch die Frage des wirksamen Grundrechtsverzichts (siehe Frage 28). Liegt ein wirksamer Verzicht vor, ist kein Eingriff gegeben.

Auf der Ebene der **verfassungsrechtlichen Rechtfertigung (III.**) stellt sich die Frage, inwieweit der staatliche Eingriff aufgrund der jeweiligen Schrankenregelung des Grundrechts gerechtfertigt werden kann, insbesondere, ob die Maßnahme als verhältnismäßig anzusehen ist. Der Eingriff wäre dann zulässig. Es geht hier also um die Frage, ob der Gesetzgeber bzw. die Verwaltung eingreifen durfte. Ist dies der Fall, so liegt zwar ein Eingriff, aber keine Verletzung des Grundrechts vor.

Achten Sie vor allem in Klausuren auf die genaue Terminologie. Eine Verletzung des Grundrechts liegt nur dann vor, wenn der Schutzbereich eröffnet ist, ein Eingriff vorliegt und eine Rechtfertigung nicht gelingt. Zuvor darf also nicht von einer „Verletzung" des Grundrechts gesprochen werden. Gerade Anfänger neigen dazu, bereits bei Vorliegen eines Eingriffs von einer Verletzung zu sprechen.

34. Welche zwei Unterpunkte sind im Rahmen des „Schutzbereichs" zu prüfen?

Der Prüfungspunkt „Schutzbereich" spaltet sich in den **persönlichen** und den **sachlichen Schutzbereich** auf. Im persönlichen Schutzbereich muss die Frage untersucht werden, ob die betreffende Person auch Träger des jeweiligen Grundrechts ist. Art. 12 I GG als Deutschengrundrecht schützt etwa nur Deutsche (Ausnahme: EU-Ausländer, siehe Frage 26). Will sich jemand auf dieses Grundrecht berufen, muss er also Deutscher iSd Art. 116 GG sein.

> **Tipp**: Lassen sich dem Sachverhalt keine Angaben über die Staatsangehörigkeit entnehmen, so ist davon auszugehen, dass es sich um Deutsche handelt. Unnötige Spekulationen sollten vermieden werden.

Beim sachlichen Schutzbereich ist demgegenüber zu untersuchen, inwieweit die gewünschte Tätigkeit oder Verhaltensweise von dem Grundrecht auch tatsächlich erfasst wird. Zu klären ist also, ob das wirkliche Geschehen dem Normprogramm zugeordnet werden kann.

I. Schutzbereich

1. Persönlich (z.B. „alle Deutschen")
2. Sachlich (z.B. "sich versammeln")

---

35. Wie lässt sich der sachliche Schutzbereich ermitteln?

Der sachliche Schutzbereich eines Grundrechts ergibt sich zunächst einmal aus dessen **Wortlaut**. Hier ist das Schutzobjekt (was wird geschützt?) und der Schutzumfang (wogegen wird das Schutzobjekt geschützt, wogegen nicht?) genannt.

Beispiel 4: Artikel 8 I nennt als Schutzobjekt z.B. das „Sich-Versammeln", begrenzt den Schutzbereich allerdings auf solche Versammlungen, die „friedlich und ohne Waffen" ablaufen.

In der Regel führt allein der Wortlaut jedoch nicht weiter. So schützt Art. 8 I GG wie gesagt die Versammlungsfreiheit. Damit wird jedoch noch nicht die Frage beantwortet, *welche* Handlungen und Tätigkeiten nun auch als *Versammlung* anzusehen sind.

Beispiel 5: Versammeln sich zehn Personen, um gegen Atomkraft zu demonstrieren, ist der Schutzbereich offensichtlich eröffnet. Probleme entstehen jedoch in den nicht so eindeutigen Fällen. Ob etwa *zwei* Personen, die sich treffen, bereits als Versammlung anzusehen sind, lässt sich so leicht nicht entscheiden.

Um den Schutzumfang zu ermitteln muss daher auf die übrigen Auslegungsmethoden zurückgegriffen werden. Indes sind alle Schutzbereiche der Grundrechte im Laufe der Zeit **durch die Rechtsprechung des Verfassungsgerichts mit Leben gefüllt** worden. Sie müssen in einer Klausur insoweit also nicht „bei null" anfangen.

Um eine Klausur lösen zu können, ist es aber notwendige Bedingung, dass Sie eine Definition des Schutzbereiches, wie sie durch das Verfassungsgericht geprägt worden ist, zum Ausgangspunkt nehmen. Diese müssen Sie daher auswendig beherrschen. Folgen müssen Sie dieser allerdings nicht zwingend. Es ist also durchaus zulässig, die Definition des Verfassungsgerichts zu kritisieren und eine eigenständige zu entwickeln (natürlich mit Hilfe der zulässigen Auslegungsmethoden). Im Zweifelsfall ist es gut zu wissen, dass das BVerfG eine Interpretation des Schutzbereiches bevorzugt,

> *„welche die juristische Wirkungskraft der Grundrechtsnorm am stärksten entfaltet (BVerfGE 32, 72)."*

Es ist daher gerade in der Klausurbearbeitung von einer **freiheitsbetonenden Auslegung** des Schutzbereiches auszugehen. Die Eröffnung des Schutzbereiches führt ja auch nicht bereits zur Bejahung einer Grundrechtsverletzung, sondern eröffnet vielmehr die Möglichkeit, sich mit der Maßnahme im Rahmen der Prüfungspunkte zwei und drei zu befassen.

36. Was versteht man unter Grundrechtskonkurrenz?

Viele Sachverhalte lassen sich auf den ersten Blick unterschiedlichen Grundrechten zuordnen.

Beispiel 6: Eine Demonstration kann sowohl von Art. 8 I (Versammlungsfreiheit) als auch von Art. 5 I GG (Meinungsfreiheit) geschützt sein, eine Fronleichnamsprozession kann unter Artikel 4 (Religionsfreiheit) und unter Artikel 8 I fallen.

Hier ist zunächst zu beachten, dass **Art. 2 I GG** als allgemeines Freiheitsrecht ein **Auffanggrundrecht** darstellt und im Falle eines Eingriffs in den Schutzbereich eines anderen Grundrechts **subsidiär** zurücktritt. Aufgrund des weiten Schutzbereiches des Art. 2 I GG würde ansonsten die komplexe Schrankenregelung der anderen Freiheitsgrundrechte unterlaufen.

Im Rahmen einer Klausur kann dies einfach kurz am Ende nach der Prüfung des speziellen Grundrechts festgehalten werden. Beispiel: „Art. 2 I GG tritt als subsidiäres Auffanggrundrecht vorliegend hinter Art. X GG zurück." Weitere Ausführungen sind hier nicht erforderlich. Gerade in Anfängerklausuren sollte man aber auf diesen Hinweis nicht verzichten, um zu zeigen, dass man das Verhältnis des Art. 2 I GG zu anderen Grundrechten verstanden hat.

Sofern andere Grundrechte kollidieren, ist stets zu prüfen, ob ein Grundrecht einem anderen in der konkreten Situation vorgeht, da es

> *„nach seinem Sinngehalt die stärkere sachliche Beziehung zu dem zu prüfenden Sachverhalt (BVerfGE 64, 238)"*

aufweist. Lässt sich dies nicht feststellen, sind im Zweifel **beide Grundrechte** anwendbar und daher auch zu prüfen.

Tipp: Eine eindeutig richtige oder falsche Lösung gibt es bei dieser Frage nicht. Vielmehr kann in einer Klausur durchaus klausurtaktisch nach zeitlichen Gesichtspunkten entschieden werden. Häufig wird eine Klausur insoweit auf ein bestimmtes Grundrecht „abzielen". Dann empfiehlt es sich, andere in Betracht kommende Grundrechte im Rahmen des sachlichen Schutzbereichs anzusprechen und deren Einschlägigkeit aufgrund der stärkeren Sachnähe eines anderen Grundrechts abzulehnen.

---

37. Welcher Prüfungspunkt folgt in einer Klausur, wenn man den Schutzbereich des jeweiligen Grundrechts als eröffnet ansieht?

Als weiterer Prüfungspunkt folgt die Frage nach einem **Eingriff** in den Schutzbereich des jeweiligen Grundrechts durch die (staatliche) Maßnahme.

38.   Was versteht man unter einem „Eingriff"?

Nach der modernen Lehre versteht man unter einem
Eingriff jedes staatliche Handeln, dass dem Einzelnen
ein Verhalten, das in den Schutzbereich eines Grundrechts fällt, ganz oder teilweise unmöglich macht.

> Ein **Eingriff** ist jedes staatliche Handeln, dass dem Ein-
> zelnen ein Verhalten, das in den Schutzbereich eines
> Grundrechts fällt, ganz oder teilweise unmöglich macht.

**39.   Welche zwei Eingriffsarten lassen sich unter-
scheiden? Was ist dabei der Unterschied?**

Unterschieden wird zwischen dem **klassischen** und
dem **modernen** Grundrechtseingriff. Der klassische
Eingriff hat vier Voraussetzungen. Er verlangt, dass ein
Eingriff

- **final** und nicht bloß unbeabsichtigte Folge eines
  auf ein anderes Ziel gerichteten Staatshandelns,
- **unmittelbar** und nicht bloß zwar beabsichtigte,
  aber mittelbare Folge des Staatshandelns,
- ein Rechtsakt mit **rechtlicher** und nicht bloß tat-
  sächlicher Wirkung ist und
- mit **Befehl** und **Zwang** angeordnet bzw. durchgesetzt wird.

Klassische Fälle sind Beeinträchtigungen durch ein Gesetz oder durch ein gerichtliches Verbot. Liegt in der
Klausur solch ein klassischer Eingriff vor, kann dieser
Punkt im Rahmen einer Klausur oftmals sehr kurz
behandelt werden. Ein Grundrechtseingriff kann jedoch
auch durch eine **faktische**, Beeinträchtigung stattfin-
den. So etwa durch Lärmverursachung einer staatlichen Fabrik.

Um einer zu großen Ausweitung des Eingriffsbegriffs entgegenzuwirken muss jedoch verlangt werden, dass die Beeinträchtigung einigermaßen erheblich ist. Entscheidend ist in diesem Fall also die **Intensität** der auf **der staatlichen Maßnahme** beruhenden Beeinträchtigung.

Sofern in einer Klausur ein faktischer Eingriff in Betracht kommt, bedarf es regelmäßig längerer Ausführungen. Hier empfiehlt es sich zunächst das Vorliegen eines „klassischen" Eingriffs abzulehnen um anschließend festzustellen, dass ein umfassender Grundrechtsschutz bei diesem nicht stehenbleiben kann. Entscheidend muss vielmehr sein, ob staatliches Handeln – egal in welcher Form - zu einer erheblichen Beeinträchtigung führt, so dass demnach die Intensität und Finalität der jeweiligen Maßnahme zu untersuchen ist.

40. T, ein überzeugter Pazifist, fühlt sich durch die Werbung der Bundeswehr in seinen Grundrechten verletzt (Gewissensfreiheit). Liegt ein Eingriff vor?

In Betracht kommt lediglich ein **faktischer (=mittelbarer) Eingriff**, da die Bundeswehr sicher nicht beabsichtigt hat, die Gewissensfreiheit des T zu beeinträchtigen und dies auch nicht durch einen Rechtssatz geschieht. Allerdings ist die subjektive Empfindsamkeit eines Pazifisten unbeachtlich. Die Erheblichkeitsschwelle (**Intensität**), die für einen faktischen Eingriff überschritten werden muss, ist hier also nicht erreicht. Stets muss sich die bewirkte Eingriffsintensität also nach objektiven Maßstäben als erheblich darstellen.

41. Die Bundesregierung warnt öffentlich vor der Sekte S. Ist dies als Eingriff in die Rechte der S. zu qualifizieren?

In Betracht kommt erneut ein *faktischer* (= mittelbarer) Eingriff. Die Warnungen beeinträchtigen grundrechtlich geschütztes Verhalten konkret, wenngleich es der Bundesregierung nicht primär um eine Beschränkung der Religionsfreiheit geht, da sie an sich auf den Gesundheitsschutz der betroffenen Sektenmitglieder abzielt. Angesichts der klaren Vorhersehbarkeit des gleichsam als Kehrseite bewirkten Eingriffs in die Religionsfreiheit ist dieser jedoch als erheblich einzustufen (vgl. BVerwG NJW 1989, 3269).

42. Sind Eingriffe in grundrechtlich geschützte Freiheiten stets widerrechtlich?

Nein. Eingriffe in Grundrechte können **verfassungsrechtlich gerechtfertigt** sein. In diesem Fall sind die Eingriffe rechtmäßig.

Erneut der Hinweis auf das korrekte Vokabular: Ein Eingriff kann *gerechtfertigt* werden. Eine *Verletzung* des Grundrechts liegt erst dann vor, wenn eine solche Rechtfertigung nicht möglich ist.

43. Was versteht man unter einem Gesetzesvorbehalt?

Viele Grundrechte stellen klar, dass Eingriffe in die durch sie geschützten Freiheiten nur **durch oder aufgrund eines Gesetzes** zulässig sind. Die Gewährleistungen stehen unter einem Gesetzesvorbehalt. Dieser Gesetzesvorbehalt hat damit eine doppelte Bedeutung: Zum einen macht er klar, dass die grundrechtlichen Freiheiten in einer Gemeinschaft nicht schrankenlos gelten können. Beschränkungen müssen also möglich sein, um ein friedliches gesellschaftliches Leben zu ermöglichen, Eingriffe sind also rechtfertigungsfähig.

Zum anderen folgt aus dem Gesetzesvorbehalt, dass Eingriffe allein durch oder aufgrund eines Gesetzes zu rechtfertigen sind. Damit wird die besondere Bedeutung der Grundrechte betont, indem nämlich allein der parlamentarische Gesetzgeber ermächtigt ist, die Schranken der Grundrechte zu setzen. Dies ist letztlich ein Ausdruck der Wesentlichkeitstheorie.

44. Welche Arten von Gesetzesvorbehalten lassen sich unterscheiden?

Unterscheiden lassen sich der **einfache** und der **qualifizierte** Gesetzesvorbehalt.

45. Was bedeuten diese?

Einen **einfachen Gesetzesvorbehalt** haben die Grundrechte, bei denen das Grundgesetz für Eingriffe lediglich verlangt, dass sie *durch Gesetz* oder *aufgrund eines Gesetzes* erfolgen. An das eingreifende Gesetz werden somit keine Anforderungen gestellt, die über die Eigenschaft „Parlamentsgesetz" hinausgehen (vgl. Art. 8 II GG).

Einen **qualifizierten Gesetzesvorbehalt** haben dagegen die Grundrechte, bei denen das Grundgesetz nicht nur fordert, dass die Eingriffe durch Gesetz oder aufgrund Gesetz erfolgen, sondern zusätzlich verlangt, dass das Gesetz an bestimmte Situationen anknüpft, bestimmten Zwecken dient oder bestimmte Mittel benutzt. Beispiel wäre etwa Art. 5 II GG: Hier muss es sich um ein „allgemeines Gesetz" handeln. Auch Art. 13 VII GG erlaubt Beschränkungen nur unter zusätzlichen Voraussetzungen.

46. Gibt es Grundrechte ohne (geschriebene) Gesetzesvorbehalte?

Ja. Ein Beispiel ist etwa Art. 4 GG oder Art. 5 III GG. Diese Grundrechte werden auch als *schrankenlos gewährleistete Grundrechte* bezeichnet, da sich aus dem GG zunächst keine ausdrücklichen Schranken der gewährten Freiheiten ergeben.

47. Sind schrankenlos gewährleistete Grundrechte tatsächlich „schrankenlos"?

Nein. Insoweit ist der Begriff „schrankenlos" irreführend, da er die Erlaubnis einer grenzenlosen Freiheitsbetätigung nahe legt. Der Begriff stellt lediglich klar, dass diese Grundrechte zunächst einmal ohne Vorbehalt in der Verfassung genannt werden. Dennoch müssen auch diese Grundrechte in einer Gesellschaft einschränkbar sein.

Hinweis: Eine Ausnahme bildet lediglich die Menschenwürde, vgl. Art. 1 I GG, diese ist unverletzlich. Eingriffe sind daher nicht rechtfertigungsfähig. Ausnahmsweise ist hier die Feststellung des Eingriffs damit gleichbedeutend mit einer Verletzung der Menschenwürde. Indes wird auch dieser Grundsatz mittlerweile in der Literatur für die Fälle aufgeweicht, in denen „Menschenwürde gegen Menschenwürde" steht. Eine solche Situation soll etwa vorliegen, wenn ein Flugzeug mit auch unschuldigen Menschen an Bord als Waffe missbraucht wird und daher abgeschossen werden soll. Allerdings ließen sich diese Konstellationen auch ohne eine (m.E. unzulässige) Aufgabe der bisherigen Dogmatik lösen, wenn man den Begriff der Menschenwürde richtigerweise weitaus restriktiver versteht. Siehe dazu noch unten.

Dies folgt aus der Überlegung, dass Freiheiten in einer Gesellschaft grds. dort an ihre Grenzen stoßen müssen, wo sie die Freiheiten anderer beeinträchtigen. Allerdings muss bei der Einschränkung dieser Rechte berücksichtigt werden, dass die Verfassung sie zunächst einmal als schrankenlos formuliert und damit die besondere Bedeutung dieser Rechte hervorgehoben hat.

Eine Beschränkung ist daher nur zum Schutze anderer, ebenfalls in der Verfassung genannter Grundsätze zulässig (Stichwort: **Einheit der Verfassung**). In Betracht kommen dabei vor allem die Grundrechte Dritter, aber auch sonstige Verfassungsgüter. Man spricht insoweit von „**verfassungsimmanenten Schranken**". Nicht jedes einfache Gesetz kann somit einen Eingriff in diese Rechte rechtfertigen, vielmehr muss dieses dem Schutze von Verfassungsgütern dienen. Aus dem Vorbehalt des Gesetzes folgt jedoch, dass auch bei diesen Grundrechten eine Einschränkung nur durch oder aufgrund eines Gesetzes erfolgen kann.

Achtung: Auch oder besser gerade vorbehaltlose Grundrechte können also nur durch oder aufgrund eines formellen Gesetzes eingeschränkt werden. Gerade Anfänger neigen in Klausuren dazu, im Falle vorbehaltloser Grundrechte diesen Prüfungspunkt zu vergessen und zu früh in eine Abwägung der gegenüber stehenden Verfassungsgüter einzusteigen. Beachten Sie: Auch wenn eine Beschränkung der vorbehaltlosen Grundrechte nach obigem Ansatz im Grundsatz möglich ist, obliegt es allein dem Gesetzgeber zu entscheiden, ob eine solche vorgenommen werden soll. Solange er dies nicht getan hat, ist eine Beschränkung mithin verfassungswidrig.

48. Was versteht man unter Schranken-Schranken?

Sämtliche Grundrechte erlauben dem Gesetzgeber unter bestimmten Voraussetzungen, in die durch sie gewährleisteten Freiheiten einzugreifen und dem Grundrechtsgebrauch daher Schranken zu setzen. Allerdings bestehen auch für den Gesetzgeber Schranken, die er bei dieser Beschränkungsmöglichkeit nicht überschreiten darf. Der Gesetzgeber darf das Grundrecht also nicht völlig aushöhlen. Man spricht in diesem Zusammenhang von den Schranken der Schranken oder kurz (sprachlich sicherlich nicht sonderlich geglückt) von den **Schranken-Schranken**.

49. Welche Schranken-Schranken des Grundrechtseingriffs sind grundsätzlich zu beachten?

Dies sind
- der Grundsatz der **Verhältnismäßigkeit**
- die **Wesengehaltsgarantie**, Art. 19 II GG
- das Verbot des **Einzelfallgesetzes**, Art. 19 I 1
- das **Zitiergebot**, Art. 19 I 2 GG
- das rechtsstaatliche **Bestimmtheitsgebot**.

50. Was verlangt das Verhältnismäßigkeitsprinzip?

Dieses auch aus dem **Rechtsstaatsprinzip** (Art. 20 III GG) abgeleitete Prinzip verlangt, dass Einwirkungen auf grundrechtlich geschützte Rechtsgüter nur soweit erfolgen, wie dies unbedingt erforderlich ist. Dies ist dabei nur dann der Fall, wenn der Gesetzgeber einen **legitimen Zweck** mit einem **legitimen Mittel** verfolgt und das Mittel zur Zweckerreichung **geeignet, erforderlich** und **angemessen** ist.

51. Welche Anforderungen sind an die legitime Zwecksetzung und das legitime Mittel zu stellen?

Zweck: Hierbei besitzt der Gesetzgeber einen relativ **großen Gestaltungsspielraum**. Er darf dabei auch mehrere Zwecke verfolgen, verfassungswidrig ist ein Gesetz erst dann, wenn sich kein verfassungsgemäßer Zweck finden lässt. Dabei müssen sich die Zwecke nicht zwangsläufig aus der Verfassung ergeben, sondern können vom Gesetzgeber im Rahmen seines Gestaltungsspielraums selbstständig bestimmt werden. Soweit daher die Gesetzesvorbehalte keine inhaltlichen Direktiven vorsehen, eröffnet sich im Grunde der gesamte Horizont der Staatsaufgaben.

Hinweis: Im Rahmen einer Klausur wird es kaum einmal an einer legitimen Zwecksetzung scheitern.

Mittel: Zur Erreichung des Zwecks muss der Gesetzgeber ein legitimes Mittel verwenden. Im Rahmen einer Klausur müssen Sie also zunächst herausarbeiten, welches Mittel der Gesetzgeber im konkreten Fall gewählt hat. Regelmäßig gewähltes Mittel stellt dabei das **gesetzliche Verbot** eines bestimmten Verhaltens dar. Ein Mittel wird nur in seltenen (und dann auch offensichtlichen) Fällen einmal illegitim sein.

Hinweis: In einer Klausur sollten Sie das gewählte Mittel möglichst genau herausarbeiten. Wird etwa Ärzten ab einem bestimmten Alter die Behandlung von Kassenpatienten verboten (Ziel: Gesundheitsschutz), so stellt das Mittel eben dieses gesetzliche Verbot der Weiterbehandlung dar. Sowohl Zweck als auch Mittel müssen schon deshalb genau herausgearbeitet werden, da Sie ansonsten eine ordentliche Verhältnismäßigkeitsprüfung, die ja eine Zweck-Mittel-Relation darstellt, überhaupt nicht durchführen können!

52. Was ist beim Prüfungspunkt *legitimer Zweck* bei *vorbehaltlos* gewährleisteten Grundrechten zu beachten?

Nach den hier dargestellten Grundsätzen unterliegen diese Grundrechte lediglich **verfassungsimmanenten Schranken**. Der Zweck des jeweiligen Eingriffs muss somit auch dem Schutz eines Gutes mit Verfassungsrang dienen, andere Zwecke vermögen eine Beschränkung dieser Grundrechte unter keinen Umständen zu rechtfertigen. In Betracht kommen dabei insbesondere **Grundrechte Dritter** sowie andere mit **Verfassungsrang ausgestattete Rechtswerte** (vgl. BVerfGE 28, 261). Denkbar sind neben den Grundrechten etwa

- der Jugendschutz (Art. 6 II GG),
- der Schutz der freiheitlichen demokratischen Grundordnung (Art. 9 II, 21 II, 18 GG),
- die Einrichtung und Funktionsfähigkeit der Bundeswehr und die Entscheidung für eine militärische Landesverteidigung (Art. 12a, 87a GG)
- die Staatssymbole (Art. 22 GG),
- Leistungs- und Funktionsfähigkeit der Hochschulen und Forschungseinrichtungen (Art. 5 III GG).

Umstritten war lange Zeit, inwieweit der **Tierschutz** mit Verfassungsrang ausgestattet ist. Dabei wurden unterschiedliche Lösungsansätze vertreten, die jedoch insgesamt von der hL abgelehnt wurden. Probleme gab es dabei insbesondere bei Beschränkungen der Wissenschaftsfreiheit des Art. 5 III GG. Mittlerweile genießt aber auch der Tierschutz über Art. 20a GG Verfassungsrang.

53. Was wird im Rahmen der Geeignetheit geprüft?

Hier wird untersucht, ob die gewählte (eingreifende) Maßnahme geeignet ist, um den gewählten legitimen **Zweck zumindest** zu **fördern**. Dabei ist ausreichend, wenn die Maßnahme überhaupt zur Zweckerreichung beiträgt. Es muss sich somit nicht um die optimale Lösung handeln (vgl. BVerfGE 30, 316; 33, 187). Auch hier ist wiederum der Spielraum des Gesetzgebers zu beachten.

54. Was verlangt der Grundsatz der *Erforderlichkeit*?

Dieser Grundsatz verlangt, dass der Gesetzgeber von mehreren gleich wirksamen Mitteln dasjenige wählt, das das Grundrecht nicht oder zumindest weniger stark belastet (BVerfGE 53, 145; 67, 177). Steht somit nur eine Maßnahme zur Verfügung, ist diese auch erforderlich. Wichtig ist, dass eine Verletzung der Erforderlichkeit nur dann in Betracht kommt, wenn das alternative Mittel ebenso wirksam ist wie das untersuchte.

Hinweis: Im Rahmen einer Klausur sollte dieser Punkt nicht zu schnell abgehandelt werden. Es empfiehlt sich, vielmehr mit ein wenig Fantasie andere, weniger einschneidende Maßnahmen zu nennen. Regelmäßig werden diese dann jedoch eine geringere Wirksamkeit aufweisen, so dass letztlich eine Erforderlichkeit der gewählten Maßnahme bejaht werden kann.

55. Was versteht man unter *Angemessenheit*?

Im Rahmen der Angemessenheit ist zu untersuchen, ob der Zweck und das Mittel nicht in einer unangemessenen Relation also außer Verhältnis zueinander stehen. Es handelt sich hierbei somit um eine **Abwägungsfrage**. Dabei ist nach folgenden Grundsätzen zu verfahren:

- Es müssen die Interessen aller Personen berücksichtigt werden.
- Die Interessen müssen gewichtet werden.
- Es muss entschieden werden, wie stark die einzelnen Interessen beeinträchtigt werden. Besonders intensive Eingriffe müssen gegebenenfalls durch Übergangs-, Befreiungs-, Ausnahme- oder Kompensationsregeln abgemildert werden.

In einer Klausur wird bei der Verhältnismäßigkeit, insbesondere bei der Angemessenheit, regelmäßig der **Schwerpunkt** liegen, da hier ein hohes Maß an eigener Argumentation gefordert ist. Dabei gilt es erneut, den Spielraum des *Gesetzgebers* zu beachten. Allein dieser ist in einer Demokratie dazu berufen, die erforderlichen Abwägungen der betroffenen Rechte vorzunehmen. Bei der Überprüfung eines Gesetzes auf dessen Verfassungsmäßigkeit muss dieses Abwägungsergebnis des unmittelbar legitimierten Parlaments daher grds. hingenommen werden. Eine Verfassungswidrigkeit kann erst angenommen werden, wenn die Abwägung des Gesetzgebers als **offensichtlich fehlsam** bezeichnet werden muss.

Hinweis: In einer Klausur ist es also falsch, wenn der Bearbeiter seine eigene Auffassung an die Stelle derjenigen des Gesetzgebers setzt. Vielmehr ist allein die Auffassung des Gesetzgebers auf dessen Verfassungsmäßigkeit zu untersuchen. Ist diese Ansicht vertretbar, so ist auch das Gesetz verfassungsgemäß. Die Prüfung der Verhältnismäßigkeit bereitet daher gerade jüngeren Semestern erfahrungsgemäß erhebliche Probleme. Sie müssen also frühzeitig damit beginnen, sich die Rolle des BVerfG im Gewaltengefüge der Bundesrepublik zu verdeutlichen!

Prüfungsschema: Die Verhältnismäßigkeit

Das Gesetz/d. Einzelakt müsste **verhältnismäßig** sein.
a) **Zweck** des Gesetzes/Einzelakts ist...
b) Als **Mittel** dient....
c) **Geeignet** ist das Mittel, wenn mit seiner Hilfe das Ziel erreicht werden kann.
d) **Erforderlich** ist das Mittel, wenn es kein gleich geeignetes, milderes Mittel gibt.

> **aa)** Gibt es ein *anderes Mittel*?
> **bb)** Ist dieses *in gleicher Weise geeignet*, den Zweck zu erreichen?
> **cc)** Ist es auch ein *milderes* = weniger belastenderes Mittel?

e) Die **Angemessenheit (Verhältnismäßigkeit i.e.S.)** ist zu verneinen, wenn der vom Gesetzgeber/der Verwaltung bezweckte Vorteil außer Verhältnis zu dem beim Grundrechtsträger eintretenden Nachteil steht.

> **aa)** Welcher **Nachteil** entsteht dem Grundrechtsträger?
> - Welche Rechtsgüter sind betroffen? Handelt es sich um ein besonders bedeutsames oder eher um ein weniger bedeutsames Rechtsgut (= **Rang** des beeinträchtigten Rechtsguts)?
> - Handelt es sich um einen schweren oder um einen weniger schwerwiegenden Eingriff in sein Rechtsgut (= **Intensität**)?
>
> **bb)** Welchen **Vorteil** will der Gesetzgeber bzw. die Verwaltung erreichen?
> - Welche Rechtsgüter sollen geschützt bzw. gefördert werden? Handelt es sich um ein für die Allgemeinheit besonders bedeutsames oder eher um ein weniger bedeutsames Rechtsgut (**Rang** des geschützten bzw. geförderten Rechtsguts)?
> - Kann der Schutz des Rechtsguts aufgrund gebotener Eile oder drohender Gefahr nur mit einer besonders einschneidenden Maßnahme erreicht werden?

56. Wo findet sich die sog. Wesensgehaltsgarantie?

Diese findet sich in Art. 19 II GG.

57. Was bedeutet diese Garantie?

Nach dieser Vorschrift darf ein Grundrecht in keinem Fall in seinem *Wesensgehalt* angetastet werden. Umstritten ist dabei jedoch, wann ein Grundrecht in seinem Wesensgehalt betroffen ist:

a) Nach der **relativen Wesensgehaltstheorie** kommt es auf eine Abwägung der für oder gegen den Eingriff sprechenden Gründe an. Nach dieser Theorie hätte die Wesensgehaltsgarantie jedoch keine andere Funktion als der Verhältnismäßigkeitsgrundsatz, ein Grundrecht dürfte eben nicht mehr als notwendig eingeschränkt werden.

b) Das BVerfG vertritt daher seit jeher eine **absolute Wesensgehaltsgarantie**. Danach muss von dem betreffenden Grundrecht trotz aller Eingriffe noch etwas bleiben. Insoweit bedeutet die Wesensgehaltsgarantie auch etwas anderes als das Übermaßverbot. So können einzelne Eingriffe für sich betrachtet durchaus verhältnismäßig sein. In der Gesamtheit können sie jedoch unter Umständen das Abwehrrecht als solches leer laufen lassen.

Hinweis: In einer Klausur spielt die Prüfung der Wesensgehaltsgarantie grds. nur eine untergeordnete Rolle.

58. Verstößt der „finale Rettungsschuss" gegen Art. 19 II GG?

Nein. Es ist in diesem Rahmen nicht auf das Grundrecht des Einzelnen, sondern auf die allgemeine Gewährleistung des Rechtes auf Leben (Art. 2 II 1 GG) abzustellen. Ein Eingriff in das Leben bedeutet eben Tötung, so etwas wie ein „Lebenskern" ist schon logisch nicht denkbar. Da jedoch ein Eingriff nach Art. 2 II 3 GG unter engen Voraussetzungen möglich ist, kann auch kein Verstoß gegen Art. 19 II GG vorliegen.

59. Was enthält Art. 19 I 1 GG?

Art. 19 I 1 GG enthält das **Verbot** des einschränkenden **Einzelfallgesetzes**.

60. Was bedeutet dieses Verbot?

Nach Art. 19 I 1 GG muss ein grundrechtseinschränkendes **Gesetz allgemein** nicht nur für den Einzelfall gelten. Vielmehr obliegt die Anwendung der Gesetze der Exekutive und nicht dem Gesetzgeber. Hierdurch soll verhindert werden, dass Grundrechte einzelner Personen gezielt eingeschränkt werden; dies ist Ausdruck des Gewaltenteilungsgrundsatzes. Verboten sind dabei auch die sogenannten verdeckten Individualgesetze. Dies sind solche Gesetze, die ihren individuellen Charakter durch generell formulierte Tatbestandsmerkmale verdecken (Vgl. BVerfGE 10, 244).

Zu beachten ist jedoch, dass es dem Gesetzgeber möglich sein muss, Maßnahmen auch dann vorzunehmen, wenn ihre Auswirkungen und auch die betroffenen Personen begrenzt sind. Art. 19 I 1 GG verbietet somit nur solche Gesetze, die sich nach ihrem Wortlaut nur auf bestimmte Personen beziehen. In bestimmten Fällen lässt das GG ausdrücklich Einzelfallgesetze zu, wie etwa die Legalenteignung nach Art.14 III 3 GG.

61. In einem Bundesgesetz werden die Öffnungszeiten von Bahnhofsapotheken geregelt. A ist Inhaber der im Bundesgebiet einzigen Bahnhofsapotheke. Er hält das Gesetz daher für einen Verstoß gegen Art. 19 I 1 GG. Hat er Recht?

Das Gesetz betrifft nach seinem Wortlaut jede in einem Bahnhofsgelände untergebrachte Apotheke, möge es zu einem bestimmten Zeitpunkt auch nur eine gegeben haben. Nicht ausgeschlossen ist jedoch, dass zukünftig weitere Apotheken in Bahnhöfen errichtet werden, so dass das **Gesetz potenziell eine Vielzahl von Fällen betrifft** (BVerfGE 13, 225). Damit stellt sich das Gesetz nicht als Einzelfallgesetz dar.

62. Was verlangt das Zitiergebot des Art. 19 I 2 GG?

Danach müssen grundrechtseinschränkende Gesetze das eingeschränkte Grundrecht unter Angabe des Artikels nennen. Der Gesetzgeber soll hierdurch gezwungen werden, sich bewusst zu machen, dass er in Grundrechte eingreift. Die Zitierpflicht erfüllt somit auch eine **Warnfunktion**. Allerdings ist es nicht erforderlich, dass der Hinweis in einer entsprechenden Einzelvorschrift erfolgt.

63. Welche Rechtsfolge hat ein Verstoß gegen das Zitiergebot?

Ein solcher Verstoß hat nach allgemeiner Ansicht die **Nichtigkeit** des betreffenden Gesetzes zur Folge (BVerfGE 5, 13).

64. Gilt das Zitiergebot ausnahmslos bei allen Grundrechten?

Nein. Nach Auffassung des BVerfG muss das Zitiergebot restriktiv verstanden werden, um es nicht zu einer leeren Förmlichkeit erstarren zu lassen. Es gilt danach folgendes:

a) Das Zitiergebot gilt zunächst einmal nicht für vorkonstitutionelle Gesetze. Es gilt jedoch auch nicht für nachkonstitutionelle Gesetze, die lediglich bereits geltende Grundrechtsbeschränkungen unverändert oder mit geringen Abweichungen wiederholen. *Mittelbare Grundrechtsbeschränkungen* unterliegen nicht dem Zitiergebot, da diese oftmals nicht vorhersehbar sind.

b) Auch **bestimmte Grundrechte** unterfallen nach der Rechtsprechung des BVerfG insgesamt nicht der Zitierpflicht:

- Art. 2 I GG unterfällt wegen der großen Weite des Schutzbereiches nicht dem Zitiergebot.

- Das Gebot gilt nicht bei „allgemeinen Gesetzen" nach Art. 5 II GG, da sonst fast jedes Gesetz der Zitierpflicht unterfallen würde.

- Gesetze nach Art. 12 I 2 GG unterfallen dem Zitiergebot nicht, da es sich hier nach dem Wortlaut um „Regelungen" handelt, Art. 19 I 1 GG jedoch „Einschränkungen" verlangt.

- Die Pflicht gilt nicht für Inhalts- und Schrankenbestimmungen des Art. 14 I 2 GG.

- Das Gebot gilt nicht für Enteignungen nach Art. 14 I 2 GG, da durch die Junktimklausel des Art. 14 III 2 GG der gleiche Zweck erreicht wird.

Hinweis: Im Rahmen einer Klausur spielt das Zitiergebot aufgrund der genannten Rechtsprechung nur eine untergeordnete Rolle. Sie sollten es daher regelmäßig nur kurz ansprechen. Da es sich beim Zitiergebot um eine formelle Frage handelt, bietet es sich an, dessen Einhaltung kurz im Anschluss an die Darstellung der formellen Verfassungsmäßigkeit eines Gesetzes anzusprechen (etwa im Rahmen der Form).

65.　Was verlangt der Bestimmtheitsgrundsatz?

Dieser verlangt vom einschränkenden Gesetz, dass dieses für den einzelnen Bürger verständlich und vorhersehbar gestaltet ist. Die gesamte Regelung muss „verstehbar" gestaltet sein.

▶ Literatur

📖 Ossenbühl, **Jura** 1997, 617 (Verhältnismäßigkeit)

📖 Kluth, **JA** 1999, 606 (Verhältnismäßigkeit)

📖 Sachs, **JuS** 1995, 693 (Gesetzesvorbehalt)

📖 Selk, **JuS** 1992, 816 (Zitiergebot)

📖 Kunig, **Jura** 1993, 308 (Einzelfallgesetze)

📖 Höfling, **Jura** 1994, 169 (Schranken der Grundrechte)

📖 Michael, **JuS** 2001, 148 (Verhältnismäßigkeit)

📖 Michael, **JuS** 2001, 654, 764, 866 (Grundfälle zur VHM)

📖 Cremer, **DÖV** 2008, 102 (VHM und Schutzpflicht)

📖 Voßkuhle/Kaiser, **JuS** 2009, 313 (Grundrechtseingriff)

Prüfungsschema Freiheitsrecht

I. Schutzbereich

    1. Persönlicher Schutzbereich

       - Natürliche Personen

       - Juristische Personen nach Art. 19 III GG

    2. Sachlicher Schutzbereich

       Lässt sich die Tätigkeit einem geschützten Lebensbereich zuordnen (beachte auch Art. 2 I GG als Auffanggrundrecht)?

II. Eingriff

    - Liegt ein klassischer Eingriff vor (Finalität, Unmittelbarkeit, Rechtsakt und Imperativität)?

    - Liegt ein faktischer Eingriff vor (Intensität)?

III. Verfassungsrechtliche Rechtfertigung

    1. Einschränkbarkeit des Grundrechts

       - Einfacher Gesetzesvorbehalt?

       - Qualifizierter Gesetzesvorbehalt?

       - Vorbehaltloses Grundrecht?

    2. Verfassungsmäßigkeit des Gesetzes

    a) formelle Verfassungsmäßigkeit

    b) materielle Verfassungsmäßigkeit

       - Verhältnismäßigkeit

       - Sonstige materielle Anforderungen (Bestimmtheit, Wesensgehalt, Einzelfallgesetz)

    3. Verfassungsmäßigkeit des Einzelakts

       (etwa bei einer Urteils-VB)

       insbesondere Verhältnismäßigkeit

VII.   Wichtige Freiheitsrechte

66.   Welches sind die wohl wichtigsten Freiheits-grundrechte *für die Klausur*?

Dies sind:

- Art. 1 GG
- Art. 2 GG
- Art. 4 GG
- Art. 5 GG
- Art. 8 GG
- Art. 12 GG
- Art. 14 GG.

67.   Was versteht man unter „Menschenwürde"?

Die Definition dieses unbestimmten Rechtsbegriffs macht einige Probleme, da in ihn geschichtliche und gesellschaftliche Traditionen einfließen und er dennoch wandlungsfähig ist und sein muss. Laut BVerfG ist die Menschenwürde gleichzusetzen mit dem **sozialen Wert- und Achtungsanspruch,** der dem Menschen wegen seines Menschseins zukommt (BVerfGE 87, 228). Insbesondere wird die Menschenwürde auch durch das Menschenbild des GG bestimmt, das den Menschen als ein in der Gesellschaft stehendes Individuum begreift, das der Gesellschaft seinerseits jedoch auch verpflichtet ist. Der Einzelne wird als Subjekt und nicht als bloßes Objekt staatlichen Handelns wahrgenommen.

68.   Was und wen schützt Art. 1 I GG?

Geschützt wird die **Menschenwürde**. Unter den Schutz des Art. 1 I GG fällt jeder Mensch, unabhängig von seinem sozialen Status oder sonstigen Eigenschaften oder vorangehendem Fehlverhalten. Umfasst sind also auch Schwerverbrecher. Eine Verwirkung der Menschenwürde ist auch in Extremfällen (Beispiel: jahrelanges Einsperren und Foltern der eigenen Tochter) nicht möglich.

Geschützt wird darüber hinaus auch das ungeborene Leben, der sog. **nasciturus**. Umstritten ist freilich der genaue Zeitpunkt ab dem dieser Schutz beginnen soll.

Das BVerfG koppelt den Menschenwürdeschutz an das Lebensrecht. Dort, wo menschliches Leben existiert, kommt diesem also stets auch Menschenwürde zu. Diese Auffassung ist indes äußerst fraglich. Da der Lebensschutz nach der Rechtsprechung bereits mit der Verschmelzung von Ei- und Samenzelle beginnt, beginnt dann auch der Schutz der Menschenwürde mit diesem Zeitpunkt. Die Menschenwürde setzt indes zumindest die Möglichkeit der Selbstreflexion voraus. Daher ist das Leben zwar eine notwendige aber nach richtiger Auffassung noch keine hinreichende Bedingung damit Art. 1 I GG greift. Dies sollte vielmehr erst mit der Ausbildung der Hirnströme angenommen werden. Lebensrecht und Menschenwürde sind also nach richtiger Auffassung zu entkoppeln.

Unter Umständen kann der Menschenwürdeschutz auch über den Tod hinaus reichen (Würde des Verstorbenen; BVerfGE 30, 194).

69. Wann liegt ein Eingriff in die Menschenwürde vor?

Eingriffe in die Menschenwürde liegen vor, wenn der Einzelne einer Behandlung ausgesetzt wird, die ihn **zum bloßen Objekt** degradiert (BVerfGE 27, 6; 87, 228). Typische Fälle sind etwa Folter, Sklaverei, Verschleppung oder erniedrigende Strafen und Behandlungsweisen. Ein Eingriff liegt auch dann vor, wenn der Mensch zwangsweise in seiner gesamten Persönlichkeit registriert und katalogisiert wird (BVerfGE 27, 6). Somit sind auch persönliche Daten grds. geschützt.

Das BVerfG hat in einer umstrittenen Entscheidung nunmehr festgestellt, dass die Menschenwürde auch dem Abschuss eines als Waffe eingesetzten Flugzeugs entgegensteht, sofern sich auch unschuldige Entführungsopfer an Bord befinden. Auch dann also, wenn das Flugzeug in ein vollbesetztes Stadion zu stürzen droht,

kommt ein Abschuss folglich nicht in Betracht. Ob in solchen Krisen-
situationen tatsächlich von einer Verobjektivierung der unschuldigen
Opfer ausgegangen werden kann, erscheint äußerst fraglich.

Im Rahmen einer Klausur bedarf es an dieser Stelle eigener
Argumentation. Von eindeutigen Fällen abgesehen, gibt es insoweit
keine vorgegebene Lösung. Dennoch sollte ein Eingriff in die Menschenwürde nicht vorschnell angenommen werden, um zu verhindern, dass dieser Begriff banalisiert wird. Es geht bei Art. 1 I GG nur
um wirklich erniedrigende Behandlungen (siehe auch Frage 70).

70. Können solche Eingriffe im Wege „prak-
tischer Konkordanz" gerechtfertigt werden?

Nein. Art. 1 I GG steht unter **keinem Gesetzesvorbehalt**. Zudem bezeichnet Art. 1 die Würde selbst als unantastbar. Eine **Rechtfertigung durch kollidierendes
Verfassungsrech**t ist damit ebenfalls **ausgeschloss-
en**. Auch eine Verfassungsänderung könnte daran
nichts ändern, da Art. 1 GG über Art. 79 III GG unver-
änderlich ist.

Es ist jedoch zu beachten, dass aufgrund des Men-
schenbildes des GG nicht jede Freiheitsbeschränkung
auch gleich einen Eingriff darstellen wird. Vielmehr
sollte an dieser Stelle eher **Zurückhaltung** geübt werden. Das ständige Zurückgreifen auf die Menschenwürde führt eher dazu, dass der Menschenwürdegehalt
zu stark relativiert wird. Nicht jeder Grundrechtsverstoß
ist also auch ein Würdeverstoß! Die Menschenwürde
sollte also auch weiterhin als letzter Notanker des
Rechtsstaats verstanden werden. Zu beachten ist
nämlich auch, dass eine zu häufige Heranziehung der
Menschenwürde das zugrunde liegende Problem der
politischen Diskussion entzieht. Deutlich wurde dies
etwa bei der Luftsicherheitsentscheidung: Die Frage, ob
Flugzeuge in solchen Situationen abgeschossen werden können, ist nunmehr verfassungsrechtlich entschieden. Eine Diskussion – sowohl im Parlament als
auch in der Gesellschaft – ist damit letztlich obsolet.

Probleme bereitet diese Unverletzlichkeitsdoktrin in den Fällen, in denen „Menschenwürde gegen Menschenwürde" steht. In diesem Zusammenhang wurde etwa die Frage diskutiert, ob es zulässig ist, einen vermeintlichen Entführer zu foltern, um so den Aufenthaltsort des entführten Kindes herauszufinden. Auf der einen Seite ist der Staat nämlich dazu gehalten, die Würde des Entführungsopfers zu schützen (Schutzpflicht), auf der anderen Seite darf er die Würde des Entführers durch die Folter nicht verletzen (Abwehrrecht). Es leuchtet ein, dass der Staat nur eine dieser beiden Pflichten zu erfüllen in der Lage ist. Grds. wird dabei davon ausgegangen, dass der Rechtsstaat auch in einer solchen Situation einer Folter entgegensteht. Die aktive Tätigkeit der Folter wiege nämlich schwerer als die bloße Unterlassung des Schutzes eines möglichen Opfers.

71. Begründet Art. 1 I GG auch Schutzpflichten für den Staat?

Ja, Art. 1 I 2 GG spricht diese Schutzpflicht aller Staatsgewalt explizit an. Diese Schutzpflicht schließt auch den vorbeugenden Schutz mit ein. Der Staat muss somit dafür sorgen, dass der einzelne Mensch die Möglichkeit hat, ein menschenwürdiges Leben zu leben u.a., indem er dafür sorgt, dass jeder die Mittel erhält ein menschenwürdiges Leben zu führen (Sicherung des Existenzminimums).

72. Welches Grundrecht enthält Art. 2 I GG?

Hier findet sich das Recht auf freie Entfaltung der Persönlichkeit.

73. Paul S. möchte gerne auf allen Waldwegen reiten. Das Landesreitgesetz gestattet jedoch das Reiten nur auf speziell gekennzeichneten Waldwegen. Ist der Schutzbereich des Art. 2 I GG eröffnet?

Nach ganz überwiegender Auffassung schützt Art. 2 I GG ganz umfassend die **allgemeine Handlungsfreiheit**. Grundrechtlich geschützt werden also alle Handlungen, die nicht bereits Schutzgut eines anderen

Grundrechts sind. Doch ist diese weite Auffassung nicht unumstritten. So geht eine Ansicht davon aus, dass Art. 2 I GG nur die engere, persönliche Lebenssphäre schütze. Auf diese Weise solle einer **„Banalisierung der Grundrechte"**[4] entgegengewirkt werden. Allerdings gelingt es dieser Ansicht nicht, Kriterien aufzustellen, anhand derer geschützte Tätigkeiten von nichtgeschützten abgegrenzt werden könnten. Zudem entstünden dadurch „grundrechtsfreie" Räume.

Die Relevanz der Handlung kann besser auf der Ebene der Rechtfertigung aufgegriffen werden. Allein die Tatsache, dass auch banales Handeln unter Grundrechtsschutz gestellt wird, heißt nämlich noch lange nicht, dass dieses Verhalten nicht auch untersagt werden könnte. Der Gesetzgeber ist jedoch nunmehr gezwungen, den durch ein Verbot erfolgten Eingriff zu begründen, sich also Gedanken zu machen, ob ein Verbot tatsächlich notwendig ist. Daher ist im Ergebnis der ersten Ansicht zu folgen. Auch Reiten im Walde fällt unter den Schutzbereich des Art. 2 I GG.

Hinweis: Sollte es in einer Klausur erkennbar nur um Art. 2 I gehen, sollte man die genannten Auffassungen nennen. Ansonsten genügt es regelmäßig, nur die h.L. darzustellen.

Fallbeispiel zu Art. 2 I GG bei *Reffken/Thiele*, Standardfälle Staatsrecht II, Fall 1.

74. Was versteht man unter der „Subsidiarität" des Art. 2 I GG?

Aufgrund der Weite des Schutzbereiches des Art. 2 I GG ist dieser auch immer dann eröffnet, wenn auch speziellere Grundrechte einschlägig sind. Um deren Sonderregelungen nicht zu unterlaufen, tritt Art. 2 I GG in diesen Fällen jedoch **subsidiär zurück**. Art. 2 I GG erhält somit eine **Auffangfunktion** für all diejenigen Tä-

---

[4] So Verfassungsrichter *Grimm* in seinem Sondervotum zu BVerfGE 80, 137 (168).

tigkeiten, die nicht in speziellen Grundrechten geschützt sind.

Siehe zur Auffangfunktion des Art. 2 I GG auch Frage 36.

75. Was versteht man unter dem allgemeinen Persönlichkeitsrecht?

Das Allgemeine Persönlichkeitsrecht (APR) ist im GG nicht ausdrücklich erwähnt. Das BVerfG, das die normative Grundlage dieses Rechts in Art. 2 I GG iVm Art. 1 I GG sieht, geht davon aus, dass dem Einzelnen durch dieses Recht ein **autonomer Bereich privater Lebensgestaltung** gesichert wird. Es umfasst vor allem:

- Privat-, Geheim, Intimsphäre, Schutz der Ehre
- das eigene Bild, den eigenen Namen
- Kenntnis der eigenen Abstammung
- sexuelle Selbstbestimmung
- informationelle Selbstbestimmung (Datenschutz)
- und **neuerdings das Grundrecht auf Gewährleistung der Vertraulichkeit und Integrität informationstechnischer Systeme, sog. Computergrundrecht,** Urteil vom 27.02.2008

Fallbeispiel zum APR bei *Reffken/Thiele*, Standardfälle Staatsrecht II, Fall 6.

76. Was versteht man unter der „Schrankentrias" des Art. 2 I GG?

Hiermit sind die in Art. 2 I GG explizit genannten Einschränkungsmöglichkeiten gemeint. Dies sind
- die verfassungsmäßige Ordnung
- Rechte anderer und das
- Sittengesetz.

77. Was ist hierunter zu verstehen?

Zentrale Bedeutung kommt zunächst dem Begriff der „verfassungsmäßigen Ordnung" zu. Nach Ansicht des

BVerfG umfasst dieser Begriff **alle Rechtsnormen, die formell und materiell im Einklang mit der Verfassung** stehen. Damit besteht für die Rechte aus Art. 2 I GG im Ergebnis ein **einfacher Gesetzesvorbehalt**. Aufgrund dieser Auslegung kommt den „Rechten anderer" sowie dem „Sittengesetz" keine eigenständige Bedeutung mehr zu, da diese Bereiche bereits von der allgemeinen Rechtsordnung und damit von der verfassungsmäßigen Ordnung erfasst werden.

78. Ist das Reitgesetz (siehe Frage 73) zu rechtfertigen?

Der Schutzbereich des Art. 2 I GG ist wie erläutert eröffnet, es liegt durch das Verbot auch ein unmittelbarer (klassischer) Eingriff vor. Im Rahmen der Rechtfertigung stellt sich die Frage, ob das Reitgesetz formell und materiell verfassungsgemäß ist. Bei der **formellen Verfassungsmäßigkeit** ist allein die Frage der Zuständigkeit fraglich. Hier handelt es sich um ein Gesetz zur Gefahrenabwehr. Dieser Bereich ist nicht dem Bund zugewiesen. Damit war das Land auch zuständig.

Siehe hierzu auch *Reffken/Thiele*, Standardfälle Staatsrecht I. Zu der neuen Kompetenzregelung siehe auch *Thiele*, JA 2006, 714. Auch im Rahmen einer Grundrechtsklausur sollte an dieser Stelle stets etwas zur Gesetzgebungskompetenz gesagt werden.

Materiell stellt sich die Frage, ob das Gesetz **verhältnismäßig** ist, also ein Verstoß gegen das Übermaßverbot vorliegt. Das Gesetz verfolgt den **Zweck**, Gefahren zu vermeiden, die sich für Spaziergänger durch Reiter ergeben können. Die Verweisung der Reiter auf besonders vorgesehene Wege stellt hierfür ein **legitimes** und **geeignetes Mittel** dar.

Ein *milderes Mittel* wäre etwa die Statuierung einer Pflicht, vom Pferd abzusteigen, sobald Fußgänger in Sicht sind. Doch wäre eine solche Regelung weniger effektiv, da nicht ausgeschlossen werden kann, dass dennoch Unfälle durch zu spätes Absteigen verursacht werden. Daher ist die Regelung auch **erforderlich**.

Insgesamt ist das Gesetz auch als verhältnismäßig im engeren Sinne (**angemessen**) anzusehen. Den Reitern wird das Reiten nicht gänzlich untersagt, sondern lediglich aus Sicherheitsgründen in Teilbereichen verweigert. Das Gesetz ist somit verfassungsgemäß. Damit liegt eine zulässige Einschränkung des Art. 2 I GG vor (vgl. BVerfGE 80, 137).

79. Welches Recht enthält Art. 2 II 1 GG?

Hier findet sich das Recht auf Leben und körperliche Unversehrtheit.

80. Was umfasst dieses Recht?

Art. 2 II 1 GG umfasst sowohl Abwehrrechte des Einzelnen als auch Schutzpflichten des Staates. Er umfasst das Recht auf Leben sowie das Recht auf Gesundheit im physiologischen Sinne.

a) Das **Recht auf Leben** wird jeder natürlichen lebenden Person garantiert, es gibt kein lebensunwertes Leben. Dies gilt auch für das noch nicht geborene Kind. Aufgrund des hohen Stellenwerts des Lebens kommt dem Staat zudem eine besondere **Schutzpflicht** zu. Ein solches Schutzinstrument stellt etwa das Strafrecht dar (hohe Strafen für Tötungsdelikte). Insgesamt hat der Staat aber einen erheblichen Spielraum bei der Art und Weise der Erfüllung seiner Schutzpflicht.

Ein bekanntes Beispiel zur Schutzpflicht stellt das Urteil BVerfGE 46, 160 dar. Hier ging es um die Entführung des Arbeitgeberverbandspräsidenten *Schleyer*. Es ging um die Frage, ob der Staat verpflichtet ist, terroristischen Forderungen nachzugeben, wenn ansonsten der Tod des Entführten droht. Somit war eine Abwägung zwischen dem Tod eines Einzelnen und der Erpressbarkeit des Staates und der damit einhergehenden wachsenden Gefährdung des Lebens vieler anderer vorzunehmen. Hier hat das BVerfG entschieden, dass über eine solche Kollision nur die staatlichen Organe in eigener Verantwortung entscheiden könnten. Sie wären nicht per se verpflichtet, den Forderungen nachzukommen, dürfen aber nicht gänzlich untätig bleiben.

b) Das **Recht auf körperliche Unversehrtheit** schützt zunächst einmal vor gezielten Eingriffen in die Gesundheit im biologisch-physiologischen Sinne. Umfasst ist aber wohl auch der psychische Bereich der Gesundheit (was vom BVerfG aber bisher offengelassen worden ist). Insbesondere umfasst die Gesundheit auch die Freiheit vor Schmerz (BVerfGE 56, 54). Auch bei dieser Schutzpflicht kommt dem Gesetzgeber ein weiter Einschätzungs-, Wertungs- und Gestaltungsbereich zu (BVerfGE 79, 202). Geboten ist jedoch eine Gefahrenvorsorge einschließlich des Umweltschutzes. Zu nennen wären etwa Lärmschutzvorkehrungen an Autobahnen oder Flughäfen u.ä.

81. Welche Eingriffe kommen bei Art. 2 II 1 GG in Betracht?

In das **Recht auf Leben** kann etwa durch die Verhängung der Todesstrafe oder den finalen Rettungsschuss durch die Polizei eingegriffen werden. Nach überwiegender Ansicht ist eine **Einwilligung** (also ein Grundrechtsverzicht) angesichts der Bedeutung des Rechtsguts **nicht möglich**. In die **körperliche Unversehrtheit** wird zunächst durch die Zufügung von Schmerzen eingegriffen. Zu denken ist etwa an Menschenversuche, körperliche Strafen und Züchtigungen. Möglich ist eine Beeinträchtigung auch durch den Lärm einer öffentlichen Einrichtung (faktischer Eingriff).

82. Wo findet sich das Recht der Freiheit der Person?

Dieses findet sich in Art. 2 II 2 GG.

83. Adam wird der Zutritt zum Bundestag versagt. Er sieht sich hierdurch in seinem Recht aus Art. 2 II 2 GG verletzt. Hat er Recht?

Geschützt wird durch Art. 2 II 2 GG allein die **körperliche Bewegungsfreiheit**. Geschützt wird also das Recht, einen anderen Ort aufzusuchen und sich dort aufzuhalten. Allerdings umfasst Art. 2 II 2 GG nicht das Recht, jeden beliebigen Ort aufzusuchen. Räume können also durchaus bestimmten Personen vorbehalten sein. Da der Bundestag rechtlich allein für Abgeordnete zugänglich ist, liegt bei Adam kein Eingriff in Art. 2 II 2 GG vor. Er ist nicht gehindert, jeden anderen (zugänglichen) Ort aufzusuchen.

84. Sind die Rechte des Art. 2 II 1 GG schrankenlos gewährleistet?

Nein. Sie stehen unter dem Gesetzesvorbehalt des Art. 2 II 3 GG.

85. Welche Konsequenzen hat das?

Wegen Art. 2 II 3 GG ist ein Eingriff in die Rechte des Art. 2 II GG nur **aufgrund eines Gesetzes** zulässig. Zu beachten ist insbesondere der Verhältnismäßigkeitsgrundsatz. Darüber hinaus ist für Eingriffe in die **Freiheit der Person Art. 104 GG** zu beachten. Dieser begründet einen qualifizierten Gesetzesvorbehalt für Eingriffe in dieses Recht. Die Rechtfertigungsanforderungen ergeben sich dann nur aus Art. 104 GG. Insbesondere ist stets ein förmliches Gesetz erforderlich.

Tipp: Neben Art. 2 II 3 GG den Art. 104 GG notieren!

Art. 2 I GG

Schutzbereich
- Allgemeine Handlungsfreiheit = jegliches menschliches Verhalten, daher *Auffanggrundrecht*
- Allgemeines Persönlichkeitsrecht i.V.m. Art. 1 I

Schranken
- Verfassungsmäßige Ordnung = Gesamtheit der Rechtsnormen, die formell und materiell mit der Verfassung im Einklang stehen.
- Rechte anderer = subjektive Rechte Dritter -> bereits in der „verfassungsmäßigen Ordnung" enthalten
- Sittengesetz = allgemein anerkannte Moral- und Wertvorstellungen

86. Wo findet sich die Religions- und Gewissensfreiheit?

Diese findet sich in Art. 4 I, II GG.

87. Was versteht man unter „Religion"?

Eine Definition der Religionsfreiheit muss zwangsläufig weit sein, da nur auf diese Weise die unterschiedlichen Anschauungen wirklich erfasst werden können. Grds. wird man darunter die Freiheit des Einzelnen verstehen können, sich eine religiöse oder areligiöse Überzeugung von der Stellung des Menschen in der Welt und seinen Beziehungen zu höheren Mächten und tieferen Seinsschichten zu bilden.

88. Hat Art. 4 II GG einen eigenständigen Schutzbereich?

Das BVerfG misst Art. 4 II GG keinen eigenständigen Gehalt zu. Vielmehr geht es davon aus, dass Art. 4 I, II GG gemeinsam ein einheitliches Grundrecht der Glaubens- und Religionsfreiheit bilden.

89. Was schützen die Art. 4 I, II GG?

Die **Glaubensfreiheit** schützt zunächst die innere Freiheit, einen Glauben zu bilden und zu haben (sog. **forum internum**). Zudem ist aber auch und gerade geschützt, sein Leben anhand dieses Glaubens auszurichten und seinen Glauben bei seinen Handlungen nach außen zu vertreten (sog. **forum externum**). Klassische Ausübungshandlungen sind vor allem Gottesdienste, Feiern, Beerdigungszeremonien etc. Dies gilt jedoch nicht nur für diejenige Betätigung des Glaubens, die sich bei den heutigen Kulturvölkern im Laufe der geschichtlichen Entwicklung herausgebildet hat, wie es das BVerfG ursprünglich annahm (BVerfGE 12, 1).

Insoweit hat das BVerfG seine Rechtsprechung geändert und festgestellt, dass auch **neue, unbekannte Bräuche umfasst** sind (BVerfGE 41, 29). Auch die Größe der Religion spielt grds. keine Rolle.

Fraglich ist, ob nur die von der jeweiligen Religion *zwingend vorgesehenen* Glaubenssätze von Art. 4 I, II GG erfasst sind. Hiergegen spricht jedoch die Überlegung, dass es sich bei Art. 4 I, II GG um ein individuelles Grundrecht handelt. Entscheidend ist also allein, ob der Grundrechtsträger die jeweilige Handlung für sich selbst als verpflichtend empfindet. Um Missbräuche auszuschließen, wird man jedoch den Nachweis einer gewissen Ernsthaftigkeit verlangen müssen.

Umfasst ist auch des Weiteren das Recht, einen Glauben nicht zu haben oder eine andere religiöse Überzeugung als die eigene abzulehnen (sog. **negative Freiheit**). Geschützt ist auch das Recht eine eigene Überzeugung schlicht zu verschweigen.

Die **Gewissensfreiheit** umfasst nicht nur das Recht, ein Gewissen zu haben, sondern auch die Freiheit, vom Staat nicht verpflichtet zu werden, gegen sein Gewissen handeln zu müssen (BVerfGE 78, 395). Als eine solche Gewissensentscheidung ist nach dem BVerfG jede **ernste, d.h. an den Kategorien von „Gut" und „Böse" orientierte Entscheidung** anzusehen, die der Einzelne in einer bestimmten Lage als für sich bindend und unbedingt verpflichtend innerlich erfährt, so dass er gegen sie nicht ohne ernste Gewissensnot handeln könnte (BVerfGE 12, 45; BVerfG NJW 1993, 455). Dabei unterliegt die Berufung auf die Gewissensfreiheit einer Ernsthaftigkeitskontrolle. Der Gewissenskonflikt muss somit begründet werden und zumindest teilweise objektiv nachvollziehbar sein.

Fall dazu bei *Reffken/Thiele*, Standardfälle Staatsrecht II, Fall 8.

90. Wer ist Träger der Religions- und Gewissensfreiheit?

Der persönliche Schutzbereich der Religionsfreiheit ist nicht eingeschränkt. Es handelt sich um ein **Menschenrecht**. Träger ist also jede natürliche Person. Darüber hinaus sind nach überwiegender Auffassung auch juristische Personen und Vereinigungen Träger des Grundrechts, sofern deren Zweck die Förderung eines religiösen oder weltanschaulichen Bekenntnisses ist. Es bedarf dann keines Rückgriffs auf Art. 19 III GG. Man spricht hier von **kollektiver Glaubensfreiheit**.

91. Bildet Art. 136 I WRV iVm Art. 140 GG eine eigenständige Schranke der Religionsfreiheit?

Das ist umstritten. Das BVerfG geht davon aus, dass Art. 136 I WRV von Art. 4 I, II GG überlagert werde. Es bleibe also dabei, dass Art. 4 I,II GG vorbehaltlos gewährleistet ist. Einschränkungen kommen nach den allgemeinen Regeln damit nur zum Schutz kollidierender Verfassungsgüter in Betracht. Gegen diese Ansicht spricht jedoch die Tatsache, dass es sich bei Art. 136 I WRV angesichts dessen Inkorporation um vollwertiges Verfassungsrecht handelt, das als solches auch ernst zu nehmen ist. Die besseren Gründe sprechen daher dafür, über Art. 136 I WRV einen einfachen Gesetzesvorbehalt anzunehmen. Die besondere Bedeutung der Religionsfreiheit kann angemessen im Rahmen der Rechtfertigung berücksichtigt werden.

Hinweis: Die beiden Auffassungen kommen nur dann zu einem unterschiedlichen Ergebnis, wenn das einschränkende Gesetz nicht den Schutz eines Verfassungsgutes, sondern eines sonstigen Gutes bezweckt. Es empfiehlt sich, der zweiten Auffassung zu folgen, da dem Anfänger die Prüfung eines Grundrechts mit einfachem Gesetzesvorbehalt oftmals leichter fällt.

92. Welche Bedeutung hat Art. 137 III WRV?

Wie Art. 136 I WRV für die individuelle, stellt Art. 137 III WRV einen vergleichbaren **Vorbehalt für die kollektive Religionsfreiheit** auf.

Art. 4 GG

Schutzbereich
- Einheitliches Grundrecht
- Geschützt sind *Bildung* und *Betätigung* der Überzeugung nach außen.
- Umfasst ist auch das Recht, einen Glauben nicht zu haben oder ihn zu verschweigen (= *negative* Glaubensfreiheit).
- Gewissen = an den Kategorien von „Gut" und „Böse" orientierte Entscheidung, die der Einzelne in einer bestimmten Lage als für sich bindend und unbedingt verpflichtend innerlich erfährt.

Schranken
- Kein Vorbehalt-> nur verfassungsimmanente Schranken -> Grundrechte Dritter + Werte von Verfassungsrang

93. Wie viele Grundrechte umfasst Art. 5 GG?

Art. 5 GG umfasst insgesamt **sieben selbstständige Grundrechte**, nämlich:

- Recht auf freie Meinungsäußerung
- Informationsfreiheit
- Pressefreiheit
- Freiheit der Filmberichterstattung
- Freiheit der Rundfunkberichterstattung
- Kunstfreiheit
- Wissenschaftsfreiheit.

94. Was ist unter einer „Meinung" zu verstehen?

Unter Meinung ist eine Äußerung zu verstehen, die durch Elemente der Stellungnahme und des Dafürhaltens gekennzeichnet ist, unabhängig davon, auf welchen Gegenstand sie sich bezieht und welchen Inhalt sie hat (BVerfGE 65, 42; 61, 1). Erfasst sind somit insbesondere *Werturteile*, unerheblich ob sie objektiv wahr oder falsch sind.

95. Was ist eine „Tatsache"? Fallen auch Tatsachenmitteilungen unter den Grundrechtsschutz?

Tatsachen sind anders als Werturteile **dem Beweis zugänglich.**

Beispiel 1: „Diese Wand ist 3 Meter lang" (beweisbare Tatsache). „Diese Wand ist hässlich" (nicht beweisbar, Werturteil).

Ob der Schutz des Art. 5 I 1 sich auch auf Tatsachen erstreckt, ist umstritten:

a) Nach einer Ansicht unterfallen Tatsachen niemals dem Schutz des Art 5 I 1 GG.

b) Da sich Tatsachenmitteilungen jedoch häufig mit wertenden Elementen vermischen oder verbinden, ist mit der h.M. davon auszugehen, dass auch Tatsachenmitteilungen zumindest dann mit einbezogen sind, wenn sie der Beförderung eines Werturteils dienen (BVerfGE 61, 1).

Beispiel 2: Der Modehersteller B veröffentlicht in Zeitungen Fotos nackter Menschen, auf deren Körper sich der Stempelaufdruck „HIV-Positive" befindet. Nachdem ihm dies von einem Zivilgericht untersagt worden ist, klagt B mit der Begründung, er sei durch die Untersagung in seiner Meinungsfreiheit verletzt. Ist der Schutzbereich des Art. 5 I 1 berührt?

Lösung: Die Aussage, dass eine bestimmte Person mit dem AIDS-Virus infiziert ist, ist eine *Tatsachenbehauptung*, da sie dem Beweis zugänglich ist. Bloße Tatsachen werden grundsätzlich nicht von Art. 5 I 1 GG geschützt. Da B aber mit den Fotos auch die Stigmatisierung von AIDS-Infizierten thematisieren will, befördert die dargestellte Tatsache gleichzeitig ein Werturteil. Daher erstreckt sich nach der zweiten Ansicht der Schutz des Art. 5 I 1 GG auch auf die Tatsachenmitteilung.

Gerade in einer Klausur empfiehlt es sich, im Zweifel den Schutzbereich des Art. 5 I GG zu eröffnen. Im Rahmen der verfassungsrechtlichen Rechtfertigung kann dann dargestellt werden, dass eine Rechtfertigung umso eher in Betracht kommt, je mehr Tatsachenelemente die jeweilige Aussage enthält.

96. Fällt auch das *falsche Zitat* unter den Schutz des Art. 5 I 1 GG?

Nein. Dies hat das BVerfG in BVerfGE 54, 219 und BVerfGE 90, 248 entschieden. Es gibt insoweit also kein Recht auf Lüge.

97. Was versteht man unter „negativer Meinungsfreiheit"?

Hierunter ist das Recht zu verstehen, die **eigene Meinung zu verschweigen** und nicht zu verbreiten.

Die negative Meinungsfreiheit kann etwa dort eine Rolle spielen, wo Zigarettenhersteller dazu gezwungen werden, bestimmte Aussagen auf ihren Zigarettenschachteln aufzudrucken („Rauchen kann tödlich sein."). Regelmäßig handelt es sich hier aber um Tatsachenfeststellungen, so dass Art. 5 I GG wohl nicht einschlägig ist. Zu denken ist aber an Art. 12 I GG (Berufsfreiheit) sowie subsidiär natürlich an Art. 2 I GG.

98. Ist die Aufzählung Wort, Schrift und Bild abschließend?

Nein. Es handelt sich hier nur **um beispielhafte Aufzählungen.** Geschützt ist von Art. 5 I GG jede Form der Meinungskundgabe, über die jeder selbstständig entscheiden kann (BVerfGE 54, 138). Ein Anspruch auf Zuhörerschaft folgt aus Art. 5 I GG jedoch nicht (BVerfGE 8, 45).

99. Was ist dagegen unter „Presse" zu verstehen?

Der Begriff der Presse umfasst **alle zur Verbreitung geeigneten und bestimmten Druckerzeugnisse**. Der Begriff ist formal und weit auszulegen. Deshalb fallen hierunter nicht nur periodisch erscheinende Druckwerke (Zeitungen, Zeitschriften), sondern auch einmalige Erzeugnisse (Flugblätter, Flyer).

100. Welche Einzelgewährleistungen umfasst die Pressefreiheit unter anderem?

Sie umfasst etwa die freie Gründung von Presseorganen, den freien Zugang zu den Presseberufen (BVerfGE 20, 175), die Freiheit, die Tendenz eines Presseorgans festzulegen (BVerfGE 52, 296) und die freie Verbreitung von Meinungen und Nachrichten (BVerfGE 50, 240).

101. Was versteht man unter einer „allgemein zugänglichen Informationsquelle"?

Eine Informationsquelle ist **zunächst jeder denkbare Träger von Information**, insbesondere auch der Gegenstand der Information selbst. In Betracht kommen somit etwa Zeitungen, Fernsehsendungen, Gerichtsverhandlungen etc.

Allgemein zugänglich ist eine Informationsquelle dann, wenn sie technisch geeignet und bestimmt ist, der Allgemeinheit, d.h. einem individuell nicht bestimmbaren Personenkreis, Informationen zu verschaffen (BVerfGE 27, 83).

102. Was ist unter Rundfunk und Film zu verstehen?

Rundfunk ist die Veranstaltung und Verbreitung von Darbietungen aller Art für einen unbestimmten Personenkreis mit Hilfe elektrischer Schwingungen. Demgegenüber ist **Film** ein Massenmedium, bei dem ein chemisch-optischer Bildträger in der Öffentlichkeit vorgeführt wird. Beide Begriffe müssen dabei entwicklungsoffen interpretiert werden.

103. Wo finden sich Regelungen bzgl. der verfassungsrechtlichen Rechtfertigung von Eingriffen in die Rechte des Art. 5 I GG?

Solche finden sich in Art. 5 II GG und für die Meinungsfreiheit zusätzlich noch in Art. 17a GG.

104. Was besagen diese?

Art. 5 II GG begründet einen **qualifizierten Gesetzesvorbehalt** für Eingriffe in die durch Art. 5 I GG garantierten Grundrechte. Danach ist ein Eingriff nur durch **allgemeine Gesetze** zulässig. Allgemein ist ein Gesetz nicht schon dann, wenn es abstrakt-generell formuliert ist.

Nach der Auffassung des BVerfG ist ein Gesetz dann als allgemein iSd Art. 5 II GG anzusehen, wenn es nicht eine Meinung als solche verhindern möchte und sich auch nicht speziell gegen die Meinungsfreiheit richtet (**Sonderrechtslehre**), vielmehr dem Schutze eines schlechthin, ohne Rücksicht auf eine bestimmte Meinung zu schützenden Rechtsguts dient, dem Schutze eines Gemeinschaftswerts, der gegenüber der Meinungsfreiheit den Vorrang hat (**Abwägungslehre**). Die Definition besteht somit aus zwei Elementen:

Allgemeine Gesetze, Art. 5 II GG

- nicht gegen eine bestimmte Meinung als solche gerichtet (**Sonderrechtslehre**)
- dem Schutz eines höherwertigen Rechtsguts dienend (**Abwägungslehre**)

Im Gegensatz dazu müssen einschränkende Gesetze zum Schutz des Wehr- und Ersatzdienstes nicht allgemein sein (Art. 17a I GG). Es besteht hier somit ein einfacher Gesetzvorbehalt. Auch die Schranke der persönlichen Ehre begründet nach Ansicht des BVerfG einen Gesetzesvorbehalt. Sowohl das Zivilrecht als auch das Strafrecht enthalten entsprechende Vorschriften.

Hinweis: Es stellt sich die Frage, was geschieht, wenn ein Gesetz diesen Anforderungen nicht genügt, es sich also um kein „allgemeines Gesetz" handelt. Nach einer Ansicht muss eine Rechtfertigung dann ausscheiden, weil der qualifizierte Schrankenvorbehalt des Art. 5 II GG eben nicht erfüllt ist. Nach wohl überwiegender Ansicht kommt hingegen eine Rechtfertigung auch dann in Betracht, sofern die Voraussetzungen für eine Beschränkung vorbehaltloser Grundrechte vorliegen. Begründung: Wenn vorbehaltlose Grundrechte zum Schutz kollidierender Verfassungsgüter eingeschränkt werden können, muss dies erst recht für Grundrechte gelten, die einem qualifizierten Vorbehalt unterliegen. Bei diesen ist ja bereits der Verfassungsgeber selbst von einer Einschränkbarkeit ausgegangen. In einer Klausur müssen Sie insofern überprüfen, ob nach diesen Maßstäben eine Rechtfertigung möglich ist, sofern Sie das Vorliegen eines allgemeinen Gesetzes verneinen.

105. Was ist unter der „Wechselwirkungstheorie" zu verstehen?

Nach Ansicht des BVerfG müssen die Gesetze, welche die Meinungsfreiheit einschränken, ihrerseits wieder **im Lichte der besonderen Bedeutung dieses Grundrechts für den freiheitlich-demokratischen Staat ausgelegt** werden.

Sie sind daher so zu interpretieren, dass der besondere Wertgehalt des Grundrechts auf jeden Fall gewahrt bleibt (BVerfGE 71, 206). Es findet somit eine **Wechselwirkung** zwischen dem einschränkenden Gesetz und der Meinungsfreiheit in der Weise statt, dass die allgemeinen Gesetze zwar dem Grundrecht Schranken setzen, ihrerseits in ihrer das Grundrecht begrenzenden

Wirkung aber selbst wieder eingeschränkt werden müssen (BVerfGE 71, 206).

Es handelt sich hierbei um eine besondere Ausprägung der **verfassungskonformen Auslegung**. Im Rahmen einer Klausurbearbeitung ist das Problem der Wechselwirkung daher insbesondere in den Fällen zu nennen, in denen etwa im Rahmen einer Urteilsverfassungsbeschwerde die Anwendung eines Gesetzes überprüft wird. Hier muss der anwendende Richter die soeben genannten Grundsätze bei der Auslegung der jeweiligen Norm hinreichend berücksichtigen.

Siehe dazu auch den Fall 5 bei *Reffken/Thiele*, Standardfälle Staatsrecht II.

Art. 5 I GG

Schutzbereich
- Äußerung und Verbreitung der **Meinung.** Meinung = Äußerung, die durch Elemente der Stellungnahme und des Dafürhaltens gekennzeichnet ist -> *Werturteile*; außerdem damit zusammenhängende, meinungserhebliche *Tatsachen*
- **Informationsfreiheit**
- **Pressefreiheit**; Institutsgarantie für freie Presse; Presse=alle zur Verbreitung bestimmten Druckerzeugnisse, auch einmalige wie z.B. Flyer
- Freiheit der **Rundfunkberichterstattung**
- Freiheit der **Filmberichterstattung**

Schranke
- Allgemeine Gesetze = Gesetze, die nicht eine Meinung als solche verhindern sollen und sich auch nicht speziell gegen die Meinungsfreiheit richten, vielmehr dem Schutz eines höherwertigen Rechtsguts dienen

106. Was ist unter „Kunst" zu verstehen?

Dieser Begriff ist äußerst schwer zu fassen, eine allgemeingültige Definition fehlt bislang. Bisher gibt es drei Ansätze, die den Begriff „Kunst" umschreiben und sich dabei gegenseitig ergänzen. Wenn zumindest einer der Kunstbegriffe bejaht werden kann, ist zugunsten des Künstlers von Kunst auszugehen.

a) Nach dem **materialen Kunstbegriff** ist für Kunst typisch die freie schöpferische Gestaltung, mit der der Künstler seine Eindrücke, Erfahrungen und Erlebnisse durch das Medium einer bestimmten Formensprache nach außen deutlich macht.

b) Der **formale Kunstbegriff** hingegen stellt darauf ab, ob das Werk einem herkömmlich anerkannten Kunstbereich zugeordnet werden kann, z.B. Malerei, Schauspiel, Skulpturkunst etc.

c) Schließlich gibt es den **offenen Kunstbegriff**, wonach entscheidend ist, dass dem Betrachter eine Vielzahl von Interpretationsmöglichkeiten offen steht, sich ihm also eine praktisch unerschöpfliche, vielstufige Informationsvermittlung erschließt.

Im Zweifel sollte man davon ausgehen, dass das Verhalten von **Art. 5 III GG** erfasst ist, um einen umfassenden Grundrechtsschutz zu gewährleisten. Auch die (ernsthafte) Behauptung des „Künstlers" selbst ist dabei zu berücksichtigen.

107. Welches Verhalten wird von der Kunstfreiheit umfasst?

Die Kunstfreiheit umfasst nicht nur die künstlerische Betätigung selbst, sondern auch die Darbietung und Verbreitung der Kunst (etwa in Vernissagen). Man spricht hier vom **Wirkbereich** im Unterschied zum **Werkbereich** (= „Betätigung") der Kunst (BVerfGE 30, 188; 81,

305). Auch Vorbereitungsakte sind umfasst, z.B. Übungen. Zu beachten ist, dass an staatliche Eingriffe umso höhere Anforderungen zu stellen sind, je näher sie sich dem Kernbereich der Kunstfreiheit nähern (Vorrang des Werkbereichs vor dem Wirkbereich; BVerfGE 77, 253).

Fall dazu bei *Reffken/Thiele*, Standardfälle Staatsrecht II, Fall 2.

108. Was dagegen ist „Wissenschaft"?

Auch eine Definition der **Wissenschaft** ist schwierig. Hierunter fallen nach Ansicht des BVerfG die auf wissenschaftlicher Eigenständigkeit beruhenden Prozesse, Verhaltensweisen und Entscheidungen beim Auffinden von Erkenntnissen, ihrer Deutung und Weitergabe. **Forschung** ist ein Unterfall der Wissenschaft und umfasst den nach Inhalt und Form ernsthaften und planmäßigen Versuch zur Ermittlung der Wahrheit. **Lehre**, ebenfalls ein Unterfall der Wissenschaft, umfasst die wissenschaftlich fundierte Übermittlung der durch die Forschung gewonnenen Ergebnisse.

109. Angenommen, im Tierschutzgesetz findet sich auch ein Paragraph, der Tierversuche aus Tierschutzgründen im Wissenschaftsbereich gänzlich untersagt. Wäre dies eine verfassungsmäßige Beschränkung der Wissenschaftsfreiheit?

Problematisch ist, dass Art. 5 III GG **vorbehaltlos** gewährleistet ist. Erforderlich ist also stets, dass einschränkende Gesetze dem Schutz eines Gutes mit Verfassungsrang dienen. Der Tierschutz hatte jedoch lange Zeit keinen solchen Verfassungsrang. Mittlerweile ist dies jedoch durch die Änderung des Art. 20a GG anders. Auch der Tierschutz kann somit einen Eingriff in Art. 5 III GG rechtfertigen. Fraglich ist jedoch, ob das vollständige Verbot auch als **verhältnismäßig** ange-sehen werden kann. Ohne Ausnahmen für besondere Fälle wird man davon nicht ausgehen können.

110. Enthält Art. 5 III 2 GG eine weitere Schranke?

Die Bedeutung des Art. 5 III 2 GG ist umstritten. Richtigerweise wird man darin nur eine Klarstellung der besonderen beamtenrechtlichen Verpflichtung zur Loyalität gegenüber der freiheitlich-demokratischen Grundordnung sehen können. Nimmt man dagegen an, dass es sich um eine weitere Schranke handelt, so bedarf es für deren Anwendung nach allgemeinen Regeln einer gesetzlichen Grundlage.

Art. 5 III GG

Schutzbereich
- **Kunst** ist nicht definierbar. Von Kunst ist auszu-gehen, wenn Zuordnung zu bestimmtem Werktyp (z.B. Malerei) möglich (formaler Kunstbegriff), das Werk Ergebnis der freien, schöpferischen, nach außen gerichteten Gestaltung ist (materialer Kunstbegriff) oder interpretationsfähig ist (offener Kunstbegriff).
- **Wissenschaft** = die auf wissenschaftlicher Eigenständigkeit beruhenden Prozesse, Verhaltensweisen und Entscheidungen beim Auffinden von Erkenntnissen, ihrer Deutung und Weitergabe

Schranke
- Kein Vorbehalt-> nur verfassungsimmanente Schranken -> Grundrechte Dritter + Werte von Verfassungsrang

111. A, B und C treffen sich zufällig auf der Strasse. Handelt es sich um eine Versammlung i.S.d. Art. 8 I GG?

Nein. Für eine Versammlung genügt eine einfache Ansammlung von mehreren Menschen nicht. Notwendig ist vielmehr auch ein **gewisser gemeinsamer Zweck**, der eine **innere Verbindung** zwischen den Personen herstellt. Ansonsten handelt es sich um eine bloße *Ansammlung.*

Klassisches Beispiel: Schaulustige bei einem Autounfall.

Ansammlungen können jedoch zu Versammlungen werden, wenn sich die innere Verbundenheit anschließend einstellt.

112. Welche Anforderungen sind an den gemeinsamen Zweck zu stellen?

Die Frage, welche Anforderungen an den gemeinsamen Zweck zu stellen sind, ist höchst umstritten:

Nach einer Ansicht ist es erforderlich, dass der gemeinsame Zweck in gemeinsamer Meinungsbildung oder Meinungskundgabe liegt (so das BVerfG). Eine noch engere Auffassung verlangt gar, dass sich diese Meinungsbildung und -kundgabe auf öffentliche Angelegenheiten beziehen muss. Insbesondere solche Veranstaltungen wie die „Love Parade", die primär auf Unterhaltung abzielen, fallen so aus dem Schutzbereich.

Als Argument für diese einengenden Ansichten wird vor allem angeführt, dass die Versammlungsfreiheit (auch historisch) als politisches Kommunikationsgrundrecht anzusehen sei und insofern der öffentlichen und vor allem gemeinsamen Meinungskundgabe dienen solle.

Doch ergibt sich eine solch enge Auffassung nicht aus dem Wortlaut der Norm und beschränkt die Funktion des Grundrechts zu sehr auf seine „demokratisch-funktionale" Bedeutung. Vielmehr wird man Art. 8 I nicht als Komplementärgrundrecht zu Art. 5 I GG, sondern zu Art. 2 I GG verstehen müssen. Es dient somit der **Persönlichkeitsentfaltung in der Gruppe**. Daher sollten an den gemeinsamen Zweck richtigerweise keine erhöhten Anforderungen gestellt werden.

Hinweis: In einer Klausur sind grds. alle Ansichten mit entsprechender Begründung vertretbar. Der Streit hat vor allem Auswirkungen auf die Kosten einer Veranstaltung. Gilt diese als Versammlung können dem Veranstalter die Kosten für die anschließende Reinigung (etwa von Straßen oder Parks) regelmäßig nicht in Rechnung gestellt werden, da dies eine unzulässige Beschränkung der Versammlungsfreiheit darstellen würde.

113. Wann ist eine Versammlung unfriedlich?

Eine Versammlung ist unfriedlich, wenn sie als Ganzes **einen aufrührerischen Verlauf** annimmt, mit Gewalttätigkeiten von einigem Gewicht. Vereinzelte Rechtsverstöße einzelner Teilnehmer genügen somit nicht. Ansonsten könnte jeder Einzelne zu jeder Zeit eine ihm unliebsame Versammlung sprengen.

114. Stellt eine Straßensitzblockade eine unfriedliche Versammlung dar?

Dies wurde früher bejaht, da eine Sitzblockade als Nötigung i.S.d. § 240 StGB angesehen wurde. Diese nötigende Handlung begründete danach zugleich eine unfriedliche Versammlung (BVerfGE 73, 257). Diesen Gewaltbegriff sah das BVerfG später jedoch als zu weit und nicht mit dem Grundgesetz vereinbar an. Eine Sitzblockade erfüllt seitdem nicht mehr den Tatbestand der Nötigung i.S.d. § 240 StGB und begründet damit grds. auch keine unfriedliche Versammlung mehr. (BVerfGE 92, 16).

115. Wann findet eine Versammlung „unter freiem Himmel" statt?

Eine Versammlung findet unter freiem Himmel statt, wenn sie **keinerlei seitliche Begrenzungen** aufweist, also grds. jeder, der Interesse hat, ungehindert zur Versammlung dazu stoßen kann. Diese Versammlungen sind generell besonders störanfällig. Nicht entscheidend ist also, ob die Versammlung überdacht ist.

116. Wie können Eingriffe in Art. 8 I GG gerechtfertigt werden?

Für Versammlungen unter freiem Himmel postuliert Art. 8 II GG einen einfachen Gesetzesvorbehalt. Erforderlich ist hier also eine verhältnismäßige gesetzliche Grundlage.

Demgegenüber wird das Recht, sich in geschlossenen Räumen zu versammeln, vorbehaltlos gewährleistet. Erforderlich für eine Einschränkung ist demnach ebenfalls eine gesetzliche Grundlage, doch muss der Zweck des Gesetzes im Schutz eines anderen Verfassungsgutes liegen.

Hinweis: Sofern es im Rahmen einer Klausur also um die Rechtfertigung von Eingriffen in die Versammlungsfreiheit geht, müssen Sie stets differenzieren, ob es sich um Versammlungen unter freiem Himmel oder um sonstige Versammlungen handelt. Oftmals finden sich entsprechende Beschränkungsmöglichkeiten in einem Gesetz (bisher Versammlungsgesetz).

117. Welches Grundrecht findet sich in Art. 12 I GG?

Hier findet sich das Grundrecht der Berufsfreiheit.

118. Bestehen im Rahmen des 12 I GG mehrere Schutzbereiche, nämlich einmal die Berufs-*wahl* und einmal die Berufs*ausübung*?

Nein. Art. 12 I GG garantiert nach Ansicht des BVerfG ein **einheitliches Grundrecht der Berufsfreiheit.** Berufswahl und Berufsausübung gehören untrennbar zusammen. Dies hat das BVerfG bereits frühzeitig entschieden und immer wieder betont (siehe vor allem BVerfGE 7, 377). Für die Eröffnung des Schutzbereiches ist also zunächst allein entscheidend, ob es sich bei der jeweiligen Tätigkeit um einen *Beruf* handelt.

119. Was ist unter einem „Beruf" i.S.d. Art. 12 I GG zu verstehen?

Ein Beruf ist jede auf **Dauer angelegte Tätigkeit zur Schaffung oder Erhaltung einer Lebensgrundlage.**

120. Fallen nur „erlaubte" Tätigkeiten unter diesen Berufsbegriff?

Es ist umstritten, ob nur Tätigkeiten als Beruf anzusehen sind, die nicht generell verboten sind. Allerdings hätte es der Gesetzgeber in einem solchen Fall in der Hand, den Schutzbereich eines Grundrechts über die Bestimmung der „erlaubten" Tätigkeiten zu definieren. Entsprechende Gesetze könnten folglich nicht mehr an Art. 12 I GG gemessen werden. Daher ist diese Ansicht abzulehnen. Teilweise werden jedoch solche Tätigkeiten aus dem Schutzbereich ausgeschlossen, die schlechthin gemeinschädlich sind (etwa Berufskiller, Rauschgifthändler). Auch hier ergeben sich jedoch Abgrenzungsprobleme, die besser auf der Ebene der Rechtfertigung Berücksichtigung finden sollten.

Fall dazu bei *Reffken/Thiele*, Standardfälle Staatsrecht II, Fall 4.

121. Welche Eingriffe in die Berufsfreiheit sind denkbar?

Das BVerfG unterscheidet nach der *Drei-Stufen-Theorie* insgesamt drei Stufen unterschiedlicher Eingriffsintensität, für die sich unterschiedliche Rechtfertigungsanforderungen ergeben.

Die geringste Eingriffsintensität weisen schlichte **Berufsausübungsregelungen** auf. Solche Regelungen gestalten allein das „Wie" der beruflichen Tätigkeit. Durch die Regelung wird der Einzelne also weder von einem Beruf abgehalten, noch gezwungen, einen Beruf aufzugeben; lediglich die Modalitäten der Ausübung werden teilweise vorgegeben.

Auf der nächsten Stufe stehen **subjektive Zulassungsregelungen**. Diese machen die Wahl eines Berufes (also das „Ob") von bestimmten Voraussetzungen abhängig, die in der Person selbst begründet sind. Typische Beispiele sind das Erfordernis eines bestimmten Abschlusses oder eine Altersgrenze.

Die höchste Eingriffsstufe weisen **objektive Zulassungsregelungen** auf. Auch diese regeln das „Ob" der beruflichen Tätigkeit, stellen jedoch Voraussetzungen auf, die der Einzelne nicht selbst beeinflussen kann. Ein Beispiel sind die Bedürfnisklauseln für Taxen.

In einer Klausur sollte die Eingriffsintensität nicht bereits bei der Prüfung eines Eingriffs festgelegt werden. An dieser Stelle genügt die Feststellung, dass überhaupt ein Eingriff vorliegt. Da es sich bei der Drei-Stufen-Theorie um eine besondere Ausprägung des Verhältnismäßigkeitsgrundsatzes handelt, sollte sie daher auch erst bei der Prüfung der Verhältnismäßigkeit und zwar im Rahmen der Erforderlichkeit angesprochen werden.

Fallbeispiel bei *Reffken/Thiele*, Standardfälle Staatsrecht II, Fall 4.

Drei-Stufen-Theorie

3. Stufe
Berufswahl („Ob")
Objektive Zulassungs-
voraussetzungen

2. Stufe
Berufswahl („Ob")
Subjektive Zulassungs-
voraussetzungen

1. Stufe
Berufsausübung
(„Wie")

122. Gilt der Gesetzesvorbehalt des Art. 12 I 2 GG nur für die Berufs*ausübung*?

Nein. Da Art. 12 I GG ein **einheitliches Grundrecht** der Berufsfreiheit darstellt, hat das BVerfG bereits frühzeitig festgestellt, dass sich der Vorbehalt entgegen dem Wortlaut dem Grunde nach auch auf die Berufswahl bezieht (BVerfGE 7, 402). Begründet hat es diese Ansicht mit der Tatsache, dass sich Berufswahl und Berufsausübung nicht sinnvoll voneinander trennen lassen, denn durch die Ausübung des Berufs wird stets auch dessen Wahl bestätigt. Im Rahmen der Rechtfertigung ist jedoch der im Wortlaut der Verfassung zum Ausdruck kommende Wille der Verfassung zu beachten, wonach die Wahl grds. frei sein soll, während die Ausübung geregelt werden darf. Der Gesetzgeber ist also umso stärker beschränkt, je mehr er in die Freiheit der Wahl eingreift.

Hinweis: In diesen Ausführungen des BVerfG klingt bereits die Drei-Stufen-Theorie an, die es anschließend entwickelt. Diese findet also durchaus eine Anknüpfung im Normtext des Grundgesetzes.

123. Wo findet sich das berühmte Apothekenurteil? Was besagt dieses Urteil?

Das Apothekenurteil findet sich in BVerfGE 7, 377. In diesem Urteil hat das BVerfG die sog. **Drei-Stufen-Theorie** entwickelt.

Danach unterscheidet das BVerfG zwischen drei verschiedenen Eingriffsstufen (Ausübungsregelung, subjektive und objektive Zulassungsvoraussetzung). Für jede dieser Stufen bestehen nach den Ausführungen des Gerichts unterschiedliche Rechtfertigungsanforderungen. Die Anforderungen steigen dabei mit steigender Eingriffsintensität. Die Stufenlehre ist als eine besondere Ausprägung des allgemein geltenden Verhältnismäßigkeitsgrundsatzes anzusehen. Danach ist Folgendes zu beachten:

Gesetze, die die **Ausübung** der jeweiligen Tätigkeit betreffen, sind aufgrund ihrer geringen Eingriffsintensität bereits gerechtfertigt, wenn ihr Zweck dem Interesse der Allgemeinheit dient. Es genügen für die Rechtfertigung also „**vernünftige Erwägungen des Allgemeinwohls**".

Subjektive Zulassungsbeschränkungen dagegen greifen tiefer in die Berufsfreiheit ein. Eine Rechtfertigung ist daher nur dann anzunehmen, wenn ein **wichtiges Gemeinschaftsgut** geschützt werden soll.

Auf der höchsten Stufe stehen **objektive Zulassungsvoraussetzungen**. Diese sind nur gerechtfertigt, wenn sie **zur Abwehr nachweisbarer und höchstwahrscheinlicher, schwerer Gefahren für ein überragend wichtiges Gemeinschaftsgut** notwendig sind. Als solche Güter hat das BVerfG etwa die *Volksgesundheit*, die *Steuerrechtspflege* oder aber die *Wirtschaftlichkeit der deutschen Bundesbahn* anerkannt.

Im **Rahmen einer Klausur** sind diese Überlegungen in die **Verhältnismäßigkeitsprüfung** zu integrieren. Dabei sind grds. zwei Wege gangbar. Zunächst besteht die Möglichkeit, die Eingriffsstufe bereits beim *legitimen Zweck* zu untersuchen. Abhängend von der jeweiligen Stufe, sind an den Zweck ja unterschiedliche Anforderungen zu stellen. Anschließend ist die VHM wie gewöhnlich zu prüfen.

Abweichend davon kann die Eingriffsintensität jedoch auch erst im Rahmen der *Erforderlichkeit* angesprochen werden (so auch das BVerfG). Denn erforderlich ist eine Regelung nur dann, wenn sie (bei gleicher Wirksamkeit) nicht auch auf einer niedrigeren Stufe erfolgen könnte. Im Rahmen der Angemessenheit ist dann zu untersuchen, ob der gewählte Zweck den Anforderungen der jeweiligen Stufe ebenfalls gerecht wird.

Insgesamt sollte die Bedeutung der Drei-Stufen-Theorie nicht überschätzt werden. Insbesondere darf sie (wie auch der allgemeine Verhältnismäßigkeitsgrundsatz) **nicht zu schematisch** angewandt werden. Vielmehr müssen stets die Besonderheiten des Einzelfalls Beachtung finden. So ist es durchaus denkbar, dass eine Regelung der ersten Stufe wie eine Regelung der dritten Stufe wirkt. Dann sind aber auch die Rechtfertigungsanforderungen der dritten Stufe anzuwenden.

Siehe dazu auch das Fallbeispiel bei *Reffken/Thiele*, Standardfälle Staatsrecht II, Fall 4.

> **3. Stufe**
> Berufswahl („Ob")
> *Objektive* ZulassVorauss.
> **Zweck** muss Abwehr
> nachweisbarer Gefahren
> für ein überragend
> wichtiges Gemeinschafts-
> gut sein

> **2. Stufe**
> Berufswahl („Ob")
> *Subjektive* ZulassVorauss.
> **Zweck** muss Schutz eines
> wichtigen Gemeinschafts-
> guts sein

> **1. Stufe**
> Berufsausübung
> („Wie")
> **Zweck** muss nur Allge-
> meininteresse dienen

124. Ist ein absoluter numerus clausus für Studienanfänger immer gerechtfertigt?

Nein. An ihn sind besondere Anforderungen zu stellen, da er wie eine **objektive Zulassungsbeschränkung** wirkt. Er ist daher nur gerechtfertigt, wenn er dazu bestimmt ist, die Funktionsfähigkeit der Hochschulen zu sichern, in den Grenzen des unbedingt Erforderlichen bleibt und die Kapazitäten so verteilt werden, dass jeder Interessent die gleiche Chance hat, berücksichtigt zu werden.

Art. 12 GG

Schutzbereich
- Beruf = jede auf Dauer angelegte Tätigkeit zur Schaffung oder Erhaltung einer Lebensgrundlage
- Einheitliches Grundrecht der Berufsfreiheit: Umfasst sind Berufswahl und Berufsausübung

Schranke
- Regelungsvorbehalt in Art. 12 I 2 erstreckt sich auf die Berufsfreiheit insgesamt, also auch auf die Berufswahl
- Für die Verhältnismäßigkeit des Eingriffs ist die Drei-Stufen-Theorie maßgebend

125. Welches Grundrecht findet sich in Art. 14 I GG?

Hier findet sich die Gewährleistung des Eigentums und des Erbrechts.

126. Welche besondere Schwierigkeit bereitet Art. 14 I GG?

Eigentum und auch Erbrecht sind Einrichtungen, die nicht von sich aus in der Natur existieren. Sie müssen vielmehr erst durch die Rechtsordnung geschaffen werden. Der Schutzbereich des Art. 14 I GG wird also durch diese Normen des einfachen Rechts und damit durch den Gesetzgeber geprägt. Es handelt sich bei Art. 14 I damit um ein sog. **normgeprägtes Grundrecht**. Besonders deutlich wird dies in Art. 14 I 2 GG, wonach Inhalt und Schranken durch die Gesetze bestimmt werden. Bei dieser Ausgestaltung des Grundrechts hat der Gesetzgeber jedoch gewisse verfassungsrechtliche Grenzen zu beachten (BVerfGE 14, 263). Insbesondere muss der Gesetzgeber bei der Ausgestaltung das Institut des freien Eigentums beachten (**Institutsgarantie**).

127. Was ist unter Eigentum iSd Art. 14 I GG zu verstehen?

Der verfassungsrechtliche Begriff des Eigentums umfasst zunächst dasjenige, was auch privatrechtlich unter den Eigentumsbegriff fällt. Allerdings geht der verfassungsrechtliche Begriff noch darüber hinaus. Umfasst sind alle vermögenswerten Rechte, die dem Berechtigten ebenso ausschließlich wie Eigentum an der Sache durch die Rechtsordnung zur privaten Nutzung und zur eigenen Verfügung zugeordnet sind. Zu nennen sind etwa:

- Forderungen,
- Warenzeichen,
- Aktien,
- Vorkaufsrechte,
- dingliche Rechte wie Hypotheken,
- Jagdausübungsrechte oder auch
- die Baufreiheit.

Nicht umfasst sind hingegen bloße *Gewinnchancen* oder *Hoffnungen*. Auch das *Vermögen* als Ganzes wird nicht erfasst, da dieses lediglich die Summe der einzelnen von Art. 14 I GG geschützten Rechte darstellt. Umstritten ist, ob auch der **eingerichtete und ausgeübte Gewerbebetrieb** erfasst wird. Das BVerfG hat dies bisher nicht eindeutig beantwortet. Allerdings wird man den Schutz durch Art. 14 I jedenfalls dann annehmen können, wenn der Betrieb durch die jeweilige Maßnahme in seinem konkreten Bestand gefährdet ist. Vom Schutz umfasst sind zudem die einzelnen Bestandteile des Betriebs.

128. Fallen vermögenswerte subjektive Rechte des öffentlichen Rechts, z.B. Rentenanwartschaften und Ansprüche auf Arbeitslosengeld unter Art. 14 I GG?

Das BVerfG stellt solche Rechte dann unter des Schutz des Art. 14 I GG, wenn es sich um vermögenswerte Rechtspositionen handelt, die nach Art eines **Ausschließlichkeitsrechts** dem Rechtsträger als **privatnützig zugeordnet** sind, auf nicht unerheblichen **Eigenleistungen** des Versicherten beruhen und seiner **Existenzsicherung** dienen (BVerfGE 97, 284). In diesem Fall sei diese Rechtsposition des Inhabers so sehr mit der eines Eigentümers vergleichbar, dass der Schutz des Art. 14 I GG geboten sei (BVerfGE 4, 240).

Rentenanwartschaften und Arbeitslosengeld sind damit von Art. 14 I umfasst, während z.B. die allein auf öffentlicher Gewährung (nicht auf Eigenleistung) beruhenden Ansprüche auf Sozialhilfe und BAföG nicht durch Art. 14 I geschützt sind. Auch Hinterbliebenenrenten unterfallen nicht Art. 14 I GG, da sie nicht auf einer unmittelbaren Eigenleistung der Hinterbliebenen beruhen.

Sofern die Leistung sowohl auf eigener Leistung als auch auf staatlichen Zuschüssen beruht, ist Art. 14 I GG nur dann nicht einschlägig, wenn der staatliche Zuschuss deutlich überwiegt.

129. Was schützt Art. 14 I GG im Gegensatz zu Art. 12 I?

Als Faustformel kann man sich merken, dass Art. 14 I GG das **Erworbene**, also den Bestand des Eigentums zu einem bestimmten Zeitpunkt schützt, während Art. 12 I GG den **Erwerb**, also die Betätigung selbst schützt (BVerfGE 88, 377).

130. Welche zwei Eingriffsformen sind im Rahmen des Art. 14 I GG zu unterscheiden?

Zu unterscheiden ist die **Inhalts- und Schrankenbestimmung** (Art. 14 I 2 GG) von der **Enteignung** (Art. 14 III GG). Diese Unterscheidung ist wichtig, da für die Enteignung andere Rechtfertigungsanforderungen gelten als für die Inhalts- und Schrankenbestimmung.

Dazu *Thiele*, Staatshaftungsrecht, 5. Auflage 2018.

131. Wie lassen sich Enteignung und Inhalts- und Schrankenbestimmung voneinander abgrenzen?

Nach der **früheren**, mittlerweile überholten Rechtsprechung des BGH und des BVerwG erfolgte diese Abgrenzung nach **materiellen Kriterien**. Entscheidend war die Eingriffsintensität für den Betroffenen. Ab einer bestimmten Intensität war es somit denkbar, dass auch eine abstrakt-generelle Regelung des Gesetzgebers für den Betroffenen in eine Enteignung „umschlug". Diese Enteignungsschwelle wurde bei den Regelungen übertreten, die sich als besonders schwerwiegend darstellten und daher dem Einzelnen ein unzumutbares *Sonderopfer* auferlegten.

Diese Situation war jedoch vor allem für den Gesetzgeber überaus unbefriedigend. Er konnte beim Erlass einer Norm zwangsläufig nicht alle Fälle voraussehen und konnte daher nie sicher sein, ob die Norm nicht ausnahmsweise enteignende Wirkung haben konnte, was eine Entschädigungspflicht nach Art. 14 III GG bedeutet hätte.

Das BVerfG hat daher in seinem **Nassauskiesungsbeschluss** aus dem Jahre 1981 dieser Abgrenzung nach materiellen Kriterien widersprochen und vielmehr **formelle Kriterien** zur Abgrenzung entwickelt. Enteignung und Inhalts- und Schrankenbestimmung sind danach unterschiedliche Rechtsinstitute, die streng voneinander zu unterscheiden sind. Es ist also nicht möglich, dass eine Inhalts- und Schrankenbestimmung in eine Enteignung umschlägt. Vielmehr ist eine Bestimmung, die dem Einzelnen ein unzumutbares Sonderopfer auferlegt, verfassungswidrig und damit nichtig; insbesondere kann also in diesen Fällen keine Entschädigung nach Art. 14 III GG gewährt werden.

Eine Enteignung liegt dabei in Abgrenzung zur Inhalts- und Schrankenbestimmung nur dann vor, **wenn konkrete subjektive Eigentumspositionen zur Erfüllung bestimmter öffentlicher Aufgaben vollständig oder teilweise entzogen werden.** Wesensmerkmal der Enteignung ist damit der konkret-individuelle Zugriff auf das Eigentum. Eine **Inhalts- und Schrankenbestimmung liegt demgegenüber vor, wenn der Gesetzgeber das, was er unter Eigentum versteht, abstrakt-generell definiert.**

Hinweis: Der Enteignungsbegriff wurde vom BVerfG stark eingeschränkt. Regelmäßig wird es sich daher in einer Klausur um eine Inhalts- und Schrankenbestimmung handeln. Die Abgrenzung der beiden Eingriffsformen sollte dabei zu Beginn der Rechtfertigungsprüfung vorgenommen werden. Denkbar ist es aber auch, diese Entscheidung bereits bei der Prüfung des Eingriffs vorzunehmen.

132. Was versteht man unter einer ausgleichspflichtigen Inhalts- und Schrankenbestimmung?

Der Enteignungsbegriff ist nach der Rechtsprechung des BVerfG äußerst eng. Es gibt daher für einzelne Personen sehr intensive Eingriffe, die jedoch keine Entschädigungspflicht nach Art. 14 III GG auslösen, da es sich nicht um Enteignungen handelt.

Hier geht das BVerfG daher davon aus, dass diese Inhalts- und Schrankenbestimmungen ab einer bestimmten Intensität nur gerechtfertigt sind, wenn der Gesetzgeber entweder **Ausnahmebestimmungen** oder – falls dies nicht möglich sein sollte – zumindest eine **finanzielle Entschädigung** als Ausgleich vorsieht. Hierbei handelt es sich letztlich um **Verhältnismäßigkeitserwägungen**, die der Gesetzgeber beim Erlass des jeweiligen Gesetzes anstellen muss.

133. Wie können durch ein Gesetz herbeigeführte Enteignungen gerechtfertigt werden?

An ein enteignendes Gesetz (sog. Legalenteignung) sind folgende Voraussetzungen zu stellen (vgl. Art. 14 III):

- es muss sich um ein Parlamentsgesetz handeln;
- es muss die *Entschädigung* geregelt werden (Junktimklausel);
- das Gesetz muss dem Wohle der Allgemeinheit dienen;
- das Ausmaß der Entschädigung muss unter gerechter Abwägung der Interessen der Beteiligten und der Allgemeinheit vorgenommen werden.

134. Wie können dagegen Inhalts- und Schrankenbestimmungen gerechtfertigt werden?

Die Inhalts- und Schrankenbestimmung muss auf einem formell und materiell verfassungsmäßigen Gesetz beruhen. Materiell ist erforderlich, dass der Gesetzgeber den Konflikt zwischen der individuellen Eigentumsfreiheit (Art. 14 I GG) und der Sozialpflichtigkeit des Eigentums (Art. 14 II GG) in verhältnismäßiger Weise auflöst. Dabei ist es zwingend, dass der Gesetzgeber für besondere Konstellationen Ausnahmebestimmungen vorsieht. Sofern Ausnahmebestimmungen nicht in Betracht kommen, müssen für Härtefälle gewisse finanzielle Entschädigungen vorgesehen werden.

Hinweis: Machen Sie in einer Klausur auf diesem Gebiet den Konflikt zwischen der individuellen Eigentumsfreiheit und der Sozialpflichtigkeit hinreichend deutlich. Dadurch zeigen Sie dem Korrektor, dass Sie das wesentliche Problem des Art. 14 I GG verstanden haben.

135. Welches bildet die absolute Grenze für Eingriffe in die Eigentumsfreiheit?

Absolute Grenze („Schranken-Schranke") bildet die **Institutsgarantie** des Art. 14 I GG. Sie sichert laut BVerfG den Grundbestand von Normen, die ein Rechtsinstitut ausformen, welches den Namen „Eigentum" auch tatsächlich verdient (BVerfGE 24, 389).

Art. 14 GG

Schutzbereich
- Eigentum = alle vermögenswerten privaten Rechte (z.B. Sacheigentum, Urherberrecht, Besitz) + alle öffentlich-rechtlichen Rechte, die Äquivalent eigener Leistung sind
- Das Vermögen als solches und die bloße Gewinnchance sind nicht geschützt

Rechtmäßigkeit des Eingriffs
- Verhältnismäßigkeit
- Sofern eine *Enteignung* (= individuell-konkreter Entzug der Eigentumsposition) vorliegt, muss nach Art. 14 III außerdem eine Entschädigung durch ein Gesetz geregelt sein.
- Eine Entschädigung ist grds. nicht erforderlich, wenn eine *Inhalts- und Schrankenbestimmung* (= abstrakt-generelle Regelung) gegeben ist.

▶ **Literatur**

📖 Hufen, **JuS** 2010, 1 (Art. 1)

📖 Linke, **JuS** 2016, 888 (Art. 1)

📖 Kunig, **Jura** 1991, 415 (Art. 2)

📖 Augsberg, **JuS** 2011, 128 (Grundfälle Art. 2 II 1)

📖 Sachs, **JuS** 2012, 475 (Art. 2 II)

📖 Degenhart, **JuS** 1992, 361 (Art. 2, APR)

📖 Will, **JuS** 2004, 701 (Art. 2, APR)

📖 Fassbender, **Jura** 2004, 115 (Art. 2 II)

📖 Neureither, **JuS** 2006, 1067 (Grundfälle APR)

📖 Neureither, **JuS** 2007, 20 (Grundfälle APR)

📖 Discher, **JuS** 1996, 529 (Art. 4)

📖 Neureither, **JuS** 2006, 1067 (Grundfälle Art. 4)

📖 Neureither, **JuS** 2007, 20 (Grundfälle Art. 4)

📖 Erichsen, **Jura** 1996, 84 (Art. 5 I)

📖 Nolte/Tams, **JuS** 2004, 111, 199, 294 (Grundfälle Art. 5 I)

📖 Ladeur/Gostomzyk, **JuS** 2002, 1145 (Rundfunkfreiheit)

📖 Kobor, **JuS** 2006, 695 (Grundfälle Art. 5 III)

📖 Gusy, **JA** 1993, 321 (Art. 8)

📖 Gröpl, **Jura** 2002, 18 (Art. 8)

📖 Lemke, **JuS** 2005, 984, 1081 (Grundfälle Art. 8)

📖 Kunig, **Jura** 1992, 364 (Art. 8)

📖 Gusy, **JA** 1992, 257 (Art. 12)

📖 Beaucamp, **JA** 2003, 51 (Art. 12)

📖 Frenz, **JA** 2009, 252 (Art. 12)

📖 Mann/Worthmann, **JuS** 2013, 385 (Art. 12)

📖 Nolte/Tams, **JuS** 2006, 31, 130, 218 (Grundfälle Art. 12)

📖 Koch, **JuS** 2004, 755 (Art. 12, Niederlassungsfreiheit)

📖 Specht, **JA** 1991, Ü 16 (gelbe Seiten) (Art. 12)

📖 Heintschel/von Heinegg, **JuS** 1993, 121 (Art. 14)

📖 Berg, **JuS** 2005, 961 (Art. 14)

📖 Fehling/Faust/Rönnau, **JuS** 2006, 18 (Art. 14)

📖 Jochum/Durner, **JuS** 2005, 220, 320, 412 (Art. 14)

📖 Lege, **Jura** 2011, 507, 826 (Art. 14)

📖 Michl, **JuS** 2019, 343, 431 (Art. 14)

VIII.	Gleichheitsrechte

136. In welche Prüfungsschritte zerfällt die Prüfung von Gleichheitsrechten?

Die Prüfung von Gleichheitsrechten zerfällt regelmäßig in die folgenden Prüfungsschritte:

I. Vorliegen einer Ungleichbehandlung

↓

II. Rechtfertigung der Ungleichbehandlung

137. Was wird hier (grob) überprüft?

Im Rahmen des ersten Punktes wird überprüft, ob in einem staatlichen Handeln eine Ungleichbehandlung von „wesentlich Gleichem" bzw. eine Gleichbehandlung von „wesentlich Ungleichem" liegt. Bei der Frage der verfassungsrechtlichen Rechtfertigung wird untersucht, ob diese Behandlung grundlos, also willkürlich erfolgt oder ob sich Gründe finden lassen, die die gegebene Differenzierung rechtfertigen.

138. Welcher Gleichheitssatz findet sich in Art. 3 I GG?

Hier findet sich der **allgemeine Gleichheitssatz**.

139. Was versteht man unter der „Neuen Formel"?

Bis zum Jahre 1980 sah das BVerfG eine Verletzung des Art. 3 I GG dann als gegeben an, wenn sich ein vernünftiger Grund für die gesetzliche Differenzierung nicht finden ließ und sie somit willkürlich erschien (Willkürformel).

Heute unterscheidet das BVerfG zwischen **Ungleichbehandlungen geringer** und solcher **größerer Intensität**. Für diese bestehen unterschiedliche Rechtfertigungsanforderungen. Bei Ungleichbehandlungen geringer Intensität gilt weiterhin das Willkürverbot, es muss sich somit nur irgendein sachlicher Grund dafür finden lassen, um diese zu rechtfertigen.

Dagegen sind größere Ungleichbehandlungen nur dann gerechtfertigt, wenn sie einen *legitimen Zweck* verfolgen, hierfür *geeignet* und *erforderlich* sind und auch als *angemessen* angesehen werden können. Es gilt somit das Verhältnismäßigkeitsprinzip. Eine geringe Ungleichbehandlung liegt dabei regelmäßig vor, wenn es um **verhaltensbezogene Ungleichbehandlungen** geht, **personenbezogene Ungleichbehandlungen** sind grundsätzlich von größerer Intensität.

Die Abgrenzung von personenbezogenen und verhaltensbezogenen Ungleichbehandlungen ist dabei nicht ganz eindeutig. Als Faustformel kann man sich merken: Eine *verhaltensbezogene* Ungleichbehandlung liegt dann vor, wenn erst die gesetzliche Regelung selbst eine Gruppe von Normadressaten begründet, die unabhängig von dem Gesetz als solche nicht erfasst werden kann.

Beispiel: Ein Verbot bestimmter Hunderassen wirkt sich nur auf bestimmte Hundehalter aus, die erst durch das Gesetz als Gruppe erkennbar sind. In diesem Fall liegt also keine personenbezogene Regelung vor.

140. In einem Bundesland kann man das Abitur bereits nach 11 Jahren erreichen. Louise in Niedersachsen sieht sich hierdurch in Art. 3 I GG verletzt. Zu Recht?

Nein. Art. 3 I GG steht unterschiedlichen Regelungen in den unterschiedlichen Bundesländern nicht entgegen. Dies ist ja gerade Ausdruck des Bundesstaatsprinzips. Art. 3 I GG verlangt lediglich die **Gleichbehandlung im Zuständigkeitsbereich des jeweiligen Gesetzgebers und Verwaltungsträgers** (BVerfGE 79, 158). Louise wäre im Kulturbereich ihres Landes somit lediglich in Art. 3 I GG verletzt, wenn das Land Niedersachsen willkürlich differenzieren würde. Das tut es jedoch hier nicht.

141. Welchen Anwendungsbereich hat Art. 3 II 1 GG?

Art. 3 II 1 GG untersagt eine Ungleichbehandlung wegen des Geschlechts des Grundrechtsträgers. Voraussetzung ist also eine geschlechtsbezogene Ungleichheit. Dies ist zum einen dann der Fall, wenn das Geschlecht selbst das Differenzierungsmerkmal darstellt (direkte Ungleichbehandlung).

Daneben erfasst Art. 3 II 1 GG auch geschlechtsneutral formulierte Regelungen, die jedoch überwiegend Frauen treffen und dies auf natürliche gesellschaftliche Unterschiede zwischen den Geschlechtern zurückzuführen ist (indirekte Ungleichbehandlungen). Eine Benachteiligung der Hausarbeit gegenüber sonstigen Berufen stellt daher einen Verstoß gegen Art. 3 II 1 GG dar. Eine Rechtfertigungsmöglichkeit besteht grds. nicht; möglich ist eine Rechtfertigung jedoch durch kollidierendes Verfassungsrecht. Zudem sind auch Regelungen, die an *objektive biologische Unterschiede* anknüpfen, zulässig.

Fall dazu bei *Reffken/Thiele*, Standardfälle StaatsR II, Fall 9.

142. Was verbietet Art. 6 I GG?

Art. 6 I GG verbietet die Schlechterstellung von Verheirateten gegenüber Ledigen (BVerfGE 87, 259).

143. Was stellt der wahlrechtliche Gleichheitssatz des Art. 38 I GG laut BVerfG dar?

Das BVerfG sieht in Art. 38 I GG eine spezialgesetzliche Ausprägung der vom GG in Art. 3 I GG allgemein gewährleisteten **Gleichheit der Bürger** (BVerfG NJW 1999, 43). Daher ist ein Rückgriff auf Art. 3 I GG ausgeschlossen, sofern der Schutzbereich des Art. 38 I GG eröffnet ist. Der wahlrechtliche Gleichheitssatz ist sehr formal und stellt an die Rechtfertigung besonders hohe Anforderungen. Abweichungen bedürfen immer eines zwingenden Grundes (BVerfGE 82, 338).

144. Worin unterscheidet sich Art. 33 I GG von Art. 3 I GG?

Zunächst gilt Art. 33 I GG nur für „**Deutsche**" i.S.d. Art. 116 GG. Darüber hinaus fordert Art. 3 I GG die Gleichheit allgemein, Art. 33 I GG dagegen nur die **gleichen staatsbürgerlichen Rechte und Pflichten in jedem Lande.** Er ergänzt Art. 3 I GG, da er ein weiteres Begründungsverbot für eine Differenzierung aufstellt. Danach darf niemand deshalb benachteiligt werden, weil er aus einem anderen Bundesland kommt.

145. Was ist unter den staatsbürgerlichen Rechten und Pflichten zu verstehen?

Das BVerfG versteht hierunter das gesamte Rechtsverhältnis des Staatsbürgers zum Staat, vom Wahlrecht bis zur Steuerpflicht (BVerfG NVwZ 1993, 56).

146. Was fordert Art. 33 II GG?

Art. 33 II fordert, dass bei der Vergabe von öffentlichen Ämtern nichts anderes als die Eignung, Befähigung und fachliche Leistung der Bewerber berücksichtigt wird. Diese „**Positivliste**" (BVerfGE 81, 24) verkörpert maßgeblich das **Leistungsprinzip** und die **Chancengleichheit** im öffentlichen Dienst.

Prüfungsschema Art. 3 I GG

Vorüberlegung: kein spezielles Gleichheitsrecht einschlägig (etwa Art. 3 III GG)

1. Rechtlich relevante Ungleichbehandlung
  a) wesentliche Gleichheit zweier Fallgestaltungen
     * Bezugspunkt ist gemeinsamer Oberbegriff
  b) Ungleichbehandlung

2. Verfassungsrechtliche Rechtfertigung
  a) **Willkürformel** bei Ungleichbehandlungen geringerer Intensität
     * irgendein sachlicher Grund

  b) **Neue Formel** bei Eingriffen höherer Intensität (personenbezogene Ungleichbehandlungen oder sachliche Ungleichbehandlungen, die Gebrauch grundrechtlich geschützter Freiheit erschweren)
     * Verhältnismäßigkeitsprüfung

▶ **Literatur**

📖 Bryde/Kleindieck, **Jura** 1999, 36 (Art. 3 I)
📖 Sachs/Jasper, **JuS** 2016, 769 (Art. 3 I)
📖 Welti, **JA** 2004, 310 (Art. 3 II)
📖 Schwarz, **JuS** 2009, 315 (Art. 3 I)
📖 Payandeh, **JuS** 2015, 695 (Art. 3 II)
📖 Albers, **JuS** 2008, 945 (Art. 3 und Verhältnismäßigkeit)

IX. Die Verfassungsbeschwerde

147. Was versteht man unter „Zulässigkeit" und wie prüft man grundsätzlich die Zulässigkeit einer Verfassungsbeschwerde (VB) in einer Klausur?

Mit der Prüfung der Zulässigkeit der Verfassungsbeschwerde wird die Entscheidung darüber gefällt, ob das Gericht in dem konkreten Fall eine Entscheidung in der Sache treffen darf. Die Prüfung unterteilt sich in die folgenden Punkte:

I.	Beteiligtenfähigkeit
II.	Prozessfähigkeit
III.	Beschwerdegegenstand
IV.	Beschwerdebefugnis
V.	Rechtswegerschöpfung
VI.	Form und Frist
VII.	Rechtsschutzbedürfnis.

Dabei ist zu den Punkten II. und VII. nur dann etwas zu sagen, wenn der Sachverhalt dazu auffordert. Die anderen Punkte sollten immer, wenn auch in gebotener Kürze, angesprochen werden, vgl. auch das *Schema* auf Seite 100.

Siehe auch *Reffken/Thiele*, Standardfälle Staatsrecht II, S. 8 ff.

148. Welche Beschwerdegegenstände kommen bei einer VB in Betracht?

Gemäß Art. 93 I Nr. 4a GG kommt als Beschwerdegegenstand jeder **Akt der öffentlichen Gewalt** in Betracht. Der Begriff der öffentlichen Gewalt deckt sich dabei nicht mit dem des Art. 19 IV GG, sondern umfasst **alle drei Gewalten** (Legislative, Exekutive, Judikative), um so einen umfassenden Grundrechtsschutz iSd Art. 1 III GG zu gewährleisten.

Dabei sind nicht nur Handlungen, sondern auch Unterlassungen erfasst (**Schutzpflichten**). Liegen in einer Sache mehrere Akte vor, so hat der Beschwerdeführer grds. die Wahl, ob er nur die letztinstanzliche Entscheidung oder aber sämtliche Akte mit der VB angreifen will. In einer Klausur sollte an dieser Stelle der konkrete Beschwerdegegenstand möglichst genau ermittelt werden. Allein dieser wird vom BVerfG anschließend im Rahmen der Begründetheit untersucht.

Hinweis: Grds. kann das BVerfG nur Akte der deutschen öffentlichen Gewalt überprüfen. Eine Ausnahme gilt nach neuerer Rechtsprechung auch nicht (mehr) für europäisches Sekundärrecht. Dazu *Thiele*, Europarecht, § 6.

149. In welche Unterpunkte zerfällt der Prüfungspunkt der Beschwerdebefugnis?

Der Prüfungspunkt *Beschwerdebefugnis* zerfällt in folgende zwei Unterpunkte

- **Möglichkeit** einer Verletzung
- **Eigene**, **gegenwärtige** und **unmittelbare** Betroffenheit.

Im Rahmen der *Möglichkeit* muss untersucht werden, ob nach dem Vortrag des Beschwerdeführers eine Verletzung eines Grundrechts zumindest als *möglich* erscheint. Eine solche Möglichkeit besteht dann, wenn eine Verletzung nicht von vornherein ausgeschlossen werden kann.

Hinweis: In einer Klausur ist es wichtig, an dieser Stelle kurz den Sachverhalt aufzunehmen und anhand der konkreten Situation darzulegen, warum eine Verletzung des jeweiligen Grundrechts nicht ausgeschlossen werden kann.

Eine **eigene** Betroffenheit ist gegeben, wenn der Beschwerdeführer in **eigenen Grundrechten** betroffen ist. Eine **Popularbeschwerde** (= Handeln für die Allgemeinheit) ist somit ausgeschlossen.

Gegenwärtig ist der Beschwerdeführer betroffen, wenn er **schon oder noch** betroffen ist. Es genügt somit nicht, wenn der Beschwerdeführer irgendwann einmal in der Zukunft betroffen sein sollte. Zu beachten ist jedoch, dass es genügt, wenn ein Gesetz die Normadressaten bereits gegenwärtig zu später nicht mehr korrigierbaren Entscheidungen zwingt oder schon jetzt zu Dispositionen veranlasst, die sie nach dem späteren Gesetzesvollzug nicht mehr nachholen können (BVerfGE 65, 37).

Das wäre etwa der Fall bei Höchstaltersgrenzen für bestimmte Berufsgruppen. Bei Personen, die dieses Alter noch nicht erreicht haben, fehlt es eigentlich an der Gegenwärtigkeit. Allerdings werden sie durch das Gesetz gezwungen, sich schon jetzt um ihre Altersvorsorge zu kümmern, da es dann, wenn sie letztlich gegenwärtig beschwert wären, zu spät wäre. Daher ist in diesen Fällen von einer gegenwärtigen Beschwer auszugehen.

Eine **unmittelbare** Betroffenheit liegt vor, wenn es für die Beschwer **keines weiteren Vollzugsaktes** bedarf (etwa eines Verwaltungsakts). Auch hier ist zu beachten, dass eine Unmittelbarkeit trotz eines notwendigen Vollzugsaktes gegeben ist, wenn das Abwarten des Vollzugsaktes für den Betroffenen *unzumutbar* wäre. Dies ist etwa dann der Fall, wenn der Betroffene zunächst eine Ordnungswidrigkeit begehen oder gegen eine sonstige strafbewehrte Norm verstoßen müsste.

150. Wo finden sich Regelungen über die Frist und die Form der VB?

Regelungen zur Form finden sich in § 23 I 1 BVerfGG. Danach ist die VB schriftlich einzulegen und zu begründen. Die Fristenregelung findet sich in § 93 BVerfGG. Danach beträgt die Frist bei *Urteils*verfassungsbeschwerden *einen Monat* (§ 93 I 1 BVerfGG). Bei Hoheitsakten, bei denen kein Rechtsweg besteht (also formelle und materielle Gesetze, die nicht unter § 47 VwGO fallen), beträgt die Frist dagegen *ein Jahr* (§ 93 III BVerfGG). Die Frist beginnt mit Inkrafttreten des Gesetzes. Unter Umständen ist die *Wiedereinsetzung in den vorigen Stand* möglich, wenn die Frist unverschuldet versäumt wurde (§ 93 II BVerfGG).

151. Wann ist die VB begründet?

Die VB ist begründet, soweit der Beschwerdeführer durch den Beschwerdegegenstand tatsächlich in seinen Grundrechten verletzt wurde.

Bei einer Urteils-VB (vor allem bei der mittelbaren Drittwirkung) sollte zu Beginn der Prüfung kurz der Prüfungsumfang des BVerfG erläutert werden.

> Es gilt zu beachten, dass das BVerfG **keine Super-revisionsinstanz** darstellt. Daher ist das BVerfG auf die Überprüfung der Verletzung „**spezifischen Verfassungsrechts**" beschränkt.

Eine solche Verletzung liegt vor, wenn das Urteil auf einer verfassungswidrigen Rechtsgrundlage beruht, es objektiv unhaltbar und damit willkürlich erscheint, gegen Verfahrensgrundrechte verstoßen wurde oder wenn der Richter bei seiner Auslegung grundrechtliche Wertungen nicht beachtet oder falsch eingeschätzt hat, insbesondere fälschlicherweise den Schutzbereich eines Grundrechts abgelehnt hat.

Unabhängig vom Prüfungsumfang ist es wichtig, im Rahmen der Begründetheit zwischen einer **Rechtssatz-VB** und einer **Urteils-VB zu unterscheiden**. Bei einer Rechtssatz-VB ist allein die entsprechende Rechtsnorm auf ihre Vereinbarkeit mit den Grundrechten des Beschwerdeführers zu untersuchen.

Im Falle einer Urteils-VB ist hingegen zu beachten, dass im Rahmen der verfassungsrechtlichen Rechtfertigung des Eingriffs eine „**Doppelprüfung**" vorzunehmen ist:

- Zunächst ist die *Rechtsgrundlage* zu untersuchen, auf der das Urteil beruht. Ist diese bereits verfassungswidrig, erübrigen sich weitere Ausführungen zum konkreten Fall.

- Sollte sich jedoch die Grundlage als verfassungsgemäß herausstellen, ist nunmehr zu untersuchen, ob das Gericht die Norm auch verfassungsgemäß auf den vorliegenden Fall *angewandt* hat. Diese beiden Stufen dürfen auf keinen Fall verwechselt werden!

Tipp: Der Obersatz der Rechtfertigung einer Urteils-VB könnte folgendermaßen lauten: „Der Eingriff durch das Urteil ist gerechtfertigt, wenn er auf einer verfassungsmäßigen Rechtsgrundlage beruht (1) und von dieser auch verfassungsgemäß Gebrauch gemacht wurde (2)".

Dazu insgesamt *Reffken/Thiele*, Standardfälle Staatsrecht II, S. 8 ff.

Die Zulässigkeit der Verfassungsbeschwerde

I. Beteiligtenfähigkeit gemäß § 90 I BVerfGG („Jedermann")

II. Beschwerdegegenstand gemäß § 90 I BVerfGG:
Akt der öffentlichen Gewalt= Exekutive, Legislative, Judikative

III. Beschwerdebefugnis gemäß § 90 I BVerfGG:
Substantiierte Behauptung, dass Grundrechtsverletzung möglich ist. Die mögliche Verletzung muss zudem
- Selbst (keine Klage für Fremde)
- Gegenwärtig (schon oder noch betroffen)
- Unmittelbar (keine weiteren Vollzugsakte nötig) sein.

IV. Erschöpfung des Rechtsweges, § 90 II BVerfGG

V. Rechtsschutzbedürfnis

VI. Antrag gemäß §§ 23 I, 92 BVerfGG

VII. Frist gemäß § 93 BVerfGG

Die Begründetheit der Verfassungsbeschwerde

Obersatz: Die Verfassungsbeschwerde ist begründet, wenn ein Eingriff in den Schutzbereich des Art. X GG vorliegt, der verfassungsrechtlich nicht gerechtfertigt ist.

I. Schutzbereich
1) **Persönlicher Schutzbereich:** Wer ist geschützt?
2) **Sachlicher Schutzbereich:** Was ist geschützt?

II. Eingriff in den Schutzbereich z.B. durch Verbot

III. Verfassungsrechtl. Rechtfertigung des Eingriffs

Hier ist zu unterscheiden, wer gehandelt hat:

1) Hat der **Gesetzgeber** ein Gesetz erlassen, das den Grundrechtsträger belastet, so ist *nur* die Verfassungsmäßigkeit des Gesetzes nach folgendem Schema zu prüfen:

   a) **Formelle Rechtmäßigkeit** (Gesetzgebungsverfahren, meistens völlig unproblematisch)

   b) **Materielle Rechtmäßigkeit:** Im Regelfall ist hier die **Verhältnismäßigkeit** des Gesetzes zu prüfen.

   Hinweis: Die Verhältnismäßigkeitsprüfung bildet meist den Schwerpunkt der Klausur. Das Zulässigkeitsschema sollte man unbedingt „im Schlaf" beherrschen, um genügend Zeit für Überlegungen zur Begründetheit/Verhältnismäßigkeit zu haben!

2) Hat dagegen die **Verwaltung**, ein **Polizist** oder ein **Gericht** gehandelt, so ist stets eine **Doppelprüfung** vorzunehmen:

   a) Ist das Gesetz/die Ermächtigungsgrundlage, auf die sich das Urteil des Richters bzw. die Anweisung des Polizeibeamten bzw. die Maßnahme der Verwaltung stützt, formell und materiell rechtmäßig, insbesondere **verhältnismäßig**?

   b) Wurde das Gesetz im konkreten Einzelfall verfassungsgemäß, d.h. insbesondere **verhältnismäßig** angewandt?

▶ Unsere 📖 Skripten 📇 Karteikarten 🎧 Hörbücher (CD & MP3)

Zivilrecht

- 📖 Standardfälle Zivilrecht für Anfänger (AT+KaufR) (7,90 €)
- 📖 🎧 Standardfälle BGB AT (7,90 €)
- 📖 🎧 Standardfälle Schuldrecht (7,90 €)
- 📖 🎧 Standardfälle Ges. Schuldverh.,§§ 677,812,823 (9,9 €)
- 📖 🎧 Standardfälle Sachenrecht (Mobil.+ Immobil.) (9,90 €)
- 📖 🎧 Standardfälle Familien- und Erbrecht (9,90 €)
- 📖 🎧 Basiswissen (Frage-Antwort) BGB AT (7 €)
- 📖 🎧 Basiswissen (Frage-Antwort) Schuldrecht AT (7 €)
- 📖 🎧 Basiswissen (Frage-Antwort) Schuldrecht BT (7 €)
- 📖 🎧 Basiswissen (Frage-Antwort) Sachenrecht (7 €)
- 🎧 Basiswissen Familienrecht und 🎧 Basiswissen Erbrecht
- 📖 Einführung in das Bürgerliche Recht (7,90 €)
- 📖 Studienbuch BGB AT (12 €)
- 📖 Studienbuch Schuldrecht AT (12 €)
- 📖 Schuldrecht BT 1 – §§ 437, 536, 634, 670 ff. (9,90 €)
- 📖 Schuldrecht BT 2 – §§ 812, 823, 765 ff. (9,90 €)
- 📖 SachenR 1 – Mobil., 📖 SachenR 2 – Immobil. (9,90 €)
- 📖 Familienrecht und 📖 Erbrecht (Einführungen) (9,90 €)
- 📖 Streitfragen Schuldrecht (7,90 €)
- 📖 🎧 Definitionen für die Zivilrechtsklausur (9,90 €)

Strafrecht

- 📖 Standardfälle Band 1: für Anfänger (9,90 €)
- 📖 Standardfälle Band 2: für Fortgeschrittene (12 €)
- 📖 🎧 Standardfälle Strafrecht AT (für Anfänger) (7,90 €)
- 📖 🎧 Basiswissen (Frage-Antwort) Strafrecht AT (7 €)
- 📖 🎧 Basiswissen Strafrecht BT 1 und 📖 🎧 BT 2 (7 €)
- 📖 Strafrecht AT (7,90 €)
- 📖 Strafrecht BT 1 – Vermögensdelikte (9,90 €)
- 📖 Strafrecht BT 2 – Nichtvermögensdelikte (9,90 €)
- 📖 🎧 Definitionen für die Strafrechtsklausur (7,90 €)

Irrtümer und Änderungen vorbehalten!

Öffentliches Recht

- 📖 Standardfälle Staatsrecht I – StaatsorgaRecht (9,90 €)
- 📖 Standardfälle Staatsrecht II – Grundrechte (9,90 €)
- 📖 🎧 Standardfälle f. Anfänger (StaatsorgaR u. GRe) (7,9 €)
- 📖 Standardfälle Verwaltungsrecht AT (9,90 €)
- 📖 Standardfälle Polizei- und Ordnungsrecht (9,90 €)
- 📖 Standardfälle Baurecht (9,90 €)
- 📖 Standardfälle Europarecht (9,90 €)
- 📖 Standardfälle Kommunalrecht (9,90 €)
- 📖 🎧 Basiswissen (Fr.-Antw.) StaatsR I – StaatsorgaR (7 €)
- 📖 🎧 Basiswissen (Fr.-Antw.) StaatsR II – Grundrechte (7 €)
- 📖 Basiswissen (Frage-Antwort) Verwaltungsrecht AT (7 €)
- 📖 Studienbuch Staatsorganisationsrecht (9,90 €)
- 📖 Studienbuch Grundrechte (9,90 €)
- 📖 Studienbuch Verwaltungsrecht AT (12 €)
- 📖 Studienbuch Europarecht (12,90 €) 🎧 Basiswissen EuR
- 📖 Staatshaftungsrecht (9,90 €)
- 📖 VerwaltungsR AT 1 – VwVfG u. 📖 AT 2–VwGO (7,90 €)
- 📖 VerwaltungsR BT 1 – POR (9,90 €)
- 📖 VerwaltungsR BT 2 – BauR 📖 BT 3 – UmweltR (9,90 €)
- 📖 🎧 Definitionen Öffentliches Recht (9,90 €)

Steuerrecht

- 📖 Abgabenordnung (AO) (9,90 €)
- 📖 Erbschaftsteuerrecht (9,90 €)
- 📖 Steuerstrafrecht/Verfahren/Steuerhaftung (7,90 €)

Sozialrecht

- 📖 Kinder- und Jugendhilferecht (7,90 €)
- 📖 Einführung in das Sozialrecht (9,90 €)

Nebengebiete

- 📖 Standardfälle ZPO (9,90 €)
- 📖 🎧 Standardfälle Handels- & GesellschaftsR (9,90 €)
- 📖 🎧 Standardfälle Arbeitsrecht (9,90 €)
- 📖 🎧 Basiswissen (Fr.-Aw.) Handelsrecht (7,90 €)
- 📖 🎧 Basiswissen (Fr.-Aw.) Gesellschaftsrecht (7,90 €)
- 📖 🎧 Basiswissen (Frage-Antwort) ZPO (7,90 €)
- 📖 🎧 Basiswissen (Frage-Antwort) StPO (7,90 €)
- 📖 Handelsrecht (9,90 €)
- 📖 Gesellschaftsrecht (9,90 €)
- 📖 Arbeitsrecht (9,90 €)
- 📖 Kollektives Arbeitsrecht (9,90 €)
- 📖 ZPO I – Erkenntnisverfahren (9,90 €)
- 📖 ZPO II – Zwangsvollstreckung (9,90 €)
- 📖 Strafprozessordnung – StPO (9,90 €)
- 📖 Einführung Internationales Privatrecht - IPR (9,90 €)
- 📖 Standardfälle IPR (9,90 €)
- 📖 Insolvenzrecht (9,90 €)
- 📖 Gewerblicher Rechtsschutz/Urheberrecht (9,90 €)
- 📖 Wettbewerbsrecht (9,90 €)
- 📖 Ratgeber 500 Spezial-Tipps für Juristen (12 €)
- 📖 Sportrecht (9,90 €)

Assessorexamen

- 📖 Der Aktenvortrag im Strafrecht (7,90 €)
- 📖 Der Aktenvortrag im Zivilrecht (7,90 €)
- 📖 Der Aktenvortrag im Öffentlichen Recht (7,90 €)
- 📖 Staatsanwaltl. Sitzungsdienst & Plädoyer (9,90 €)

Karteikarten (je 9,90 €)

- 📇 Grundlagen des Zivilrechts
- 📇 BGB Allgemeiner Teil (AT)
- 📇 Schuldrecht BT (§§ 433, 535, 631, 812, 823)
- 📇 Schemata Zivilrecht (AT, SchuldR, SachR, FamR)
- 📇 Strafrecht Allgemeiner Teil (AT)
- 📇 Strafrecht BT 1 und 📇 Strafrecht BT 2
- 📇 Streitfragen Strafrecht
- 📇 Staatsorganisationsrecht
- 📇 Grundrechte
- 📇 Verwaltungsrecht Allgemeiner Teil (AT)
- 📇 Schemata Öffentliches Recht

BWL

- 📖 Einführung i. die Betriebswirtschaftslehre (7,90 €)
- 📖 Organisationsgestaltung & -entwickl. (9,90 €)
- 📖 Fallstudien Organisationsgestaltung & -entwickl.
- 📖 Internationales Management (7 €)
- 📖 Wie gelingt meine wiss. Abschlussarbeit? (7 €)
- 📖 Medienwirtschaft für Mediengestalter (14,90 €)

Irrtümer und Änderungen vorbehalten!

Schemata

- 📖 Die wichtigsten Schemata-ZivR,StrafR,ÖR (14,90)
- 📖 Die wichtigsten Schemata–Nebengebiete (9,90 €)

🎧 bedeutet: auch als **Hörbuch** (CD oder MP3-Download) lieferbar!

Bei **niederle-media.de** bestellte Art. treffen idR *nach 1-2 Werktagen* ein!